U0856395

檐下听雨

梁志泉◎著

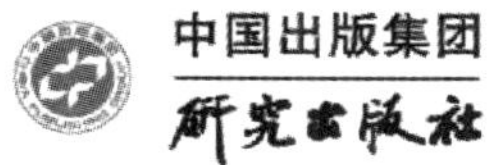

图书在版编目（CIP）数据

檐下听雨 / 梁志泉著. -- 北京 : 研究出版社,
2022.12
ISBN 978-7-5199-1408-0

Ⅰ. ①檐… Ⅱ. ①梁… Ⅲ. ①诗词-作品集-中国-当代 Ⅳ. ①I227

中国版本图书馆CIP数据核字(2022)第244976号

出 品 人：赵卜慧
出版统筹：张高里　丁 波
责任编辑：安玉霞

檐下听雨
YANXIA TINGYU
梁志泉 著
研究出版社 出版发行
（100006　北京市东城区灯市口大街 100 号华腾商务楼）
成都荆竹园印刷厂　新华书店经销
2022 年 12 月第 1 版　2022 年 12 月第 1 次印刷
开本：889 毫米 ×1230 毫米 1/32 印张：6.5
字数：120 千字
ISBN 9787-5199-1408-0 定价：69.00 元
电话（010） 64217619 64217612（发行部）

目　录

春

夏

秋

冬

禅

春

春 兰

玉兰不必满庭芳，

夜来半开更传香。

穿得篱院人易醉，

便就春风枕小窗。

【赏析】古诗中的兰花，多开于野外幽僻之处，色淡香清，常被看作谦谦君子品格高雅的象征。

此诗所写，则为园艺玉兰。最后一句尤为妙趣，别有情韵。前两句吟咏的是家养兰花幽香四溢的特色，第三句“穿得篱院人易醉”，颇有“满庭春韵关不住，一缕幽香出篱来”的醉人情致，但她却一点也不招摇。“便就春风枕小窗”，好像清纯小妹正就着春风在小窗边甜睡。玉兰的万千美好情韵，收敛在一个“枕”字上，颇有唐代“诗佛”王维言短意幽、情韵高雅之妙趣。

本诗之妙，不是表现在意境之幽美，而是体现在创意之精巧。王维诗具有野趣悠闲之境，却不免有不食人间烟火之寂清况味。本诗特写家养玉兰，则有人间烟火气息。将其人格化，写其幽香穿篱越院，不仅醉人，也易自醉。但玉兰“夜来半开”，不事张扬，却清香更加溢远；在“人易醉”的处境中，玉兰并未招摇显摆，自鸣得意，而是乐沐春风，安享甜睡，守住自己清心高雅的本色，彰显追求生活幸福、生命快乐的深刻寓意。玉兰品格高雅但不张扬，花香醉人而不自醉。在当今急功近利、追求一夜成名的浮躁社会，有如此清醒而理性的诗情雅韵，实在难得。这首小诗不失为一幅令人清心致美的生动画卷。

春 月

月近可窗盈，

夜遥不含星。

莫挂梧桐上，

欲得一枝轻。

【赏析】这首诗言短意长，耐人寻味。首联写春夜明月又大又亮，仿佛很近，填满了窗户。无比宽阔的天空里，星星仿佛都藏了起来，只有一轮明月在天上。人们喜用“众星捧月”来形容受人尊崇之象，这里却写春月“夜遥不含星”，表现远离众生喧哗、享受独自清静之情意。尾联反用苏轼被贬黄州时所写的“缺月挂疏桐”一句“拣尽寒枝不肯栖，寂寞沙洲冷”的心情有无奈沉重之意，但本句表现出追求轻松自在之心境。

苏词写秋夜缺月，本诗则写春季圆月，取景不同；而苏词写“缺月挂疏桐”，是传统习用意象，本诗则言“莫挂梧桐上”，用意相异。为何如此？心境各异也。正是在此处，可以看出诗人推陈出新之妙佳创意。苏轼被贬，人生困顿，心情不免沉重无奈。诗人则无此境况，因而自然欲求轻松愉快。苏轼还曾写“琼楼玉字，高处不胜寒”，而本诗开篇则展现出“月近可窗盈”的近处可亲月的喜乐。但诗人眼界并不局限于近处，而是有着宽广的视域。一个“遥”字，将我们的视线引向辽阔的夜空、无边的宇宙，意境十分高远。

王国维在《人间词话》中，特别强调词作境界。诗以意显，意以境胜。诗歌意境创设的高下，决定诗歌创作的水平。本诗借咏春月，表现诗人享受独立自由、追求轻松愉快的生活情味，意境高远，别出心裁，透出宽松和美之时代气象。

春寻

浣花溪畔红未均，

却有黄鹂穿叶频。

似寻旧人何处在，

只见桃花无数新。

【赏析】读罢《春寻》，我们不由想起唐代诗人崔护的名句："人面不知何处去，桃花依旧笑春风。"诗意确有崔护诗情的余芳流韵，但崔诗深含未见旧人的不尽伤感，而《春寻》虽有怀旧情却无伤感之意，且有着更为丰富的蕴含。"似寻旧人何处在"，写出了怀旧恋故的情意。

这里的"旧人"，既可理解为故知旧交，也可理解为历史上曾在此留下生命痕迹的文化名人。这首诗开篇的浣溪花畔为杜甫草堂之所在，杜甫在此留下了许多著名的诗篇，其中绝句"两个黄鹂鸣翠柳"尤为脍炙人口。晚唐著名女诗人薛涛，也曾在浣溪花畔留下了著名的怀旧情诗《春望词（四首）》。怀思的旧人均已远去，眼下"只见桃花无数新"。这结尾句，一扫古人"昔人已乘黄鹤去，此地空余黄鹤楼"的悲怆伤感意绪，而是怀着无限喜悦之情，欣赏桃花无数新，享受美好景致。

《春寻》巧化古韵为新声，创造出眼前生动的诗歌形象。又借着这个形象，以比喻象征手法，翻唱崔护旧诗而出新意。诗作的创新之处，正是这既怀念故旧，更珍惜现在、面向未来的灵动情思。无悲伤之感，而有欢乐之情，颇有“沉舟侧畔千帆过，病树前头万木春”的达观哲思。

春花

最好三月远人家，
记曾檐下灿如霞。
陌上一去莫相问，
今日不敢看桃花。

【赏析】本诗应属桃花诗。诗作力求在前人众多吟咏桃花佳篇名作的基础上传承创新，实属不易。关于桃花诗，我们耳熟能详的莫过于崔护的《题都城南庄》。诗中有景观有故事，情深意浓。

《春花》则在此基础上，推进了一层。崔诗所写景况，是初次相见留下的美好印象，情感虽真却并不深浓，因而表现出的只是淡淡的伤感。

《春花》结尾“今日不敢看桃花”，意味就大不相同。诗中引用了“陌上花开”典故，讲的是吴越王钱镠对王妃的挚爱情深。王妃每年春上都要回娘家探亲，吴越王嘱咐王妃“陌上花开，可缓缓归矣”。暖心嘱咐，一往情深。典故蕴含相知深情，这便是较之崔护诗意的推进之处。本诗又反用其典故之意，典故念人归，而诗中言人去。“陌上一去莫相问”，为什么莫相问？其背后定然有刻骨铭心的伤痛。“城南小陌又逢春，只见桃花不见人。”莫相问，不敢看，最是伤心断肠处。

为何如此伤感情深？“记曾檐下灿如霞。”这里写的是桃花景观，与崔诗有两点不同：崔诗只简写桃红，而此处则写桃红似海，灿烂如霞，美艳无比；崔诗写人面桃花相映，此处未写人面，但未写之中含人面，因为桃花就是美人的比喻象征。曹植《杂诗》云：“南国有佳人，容华若桃李。”《诗经》也早就有：“桃之夭夭，灼灼其华。之子于归，宜其室家。”所以灿如霞的桃花，也是佳人的容颜神态，笑靥如花。

古代女子初次与人相见，都会矜持，情不外露，只能是人面桃花相映红；而笑靥如花，则应是相识相知，两情相悦，自然流露的欢快表情。

两人在檐下花前，互诉衷肠，山盟海誓，这就是情谊深浓的相处。可世事难料，佳人被逼他嫁，“侯门一入深似海，从此萧郎是路人”。或佳人病逝，香消玉殒。如今，斯人已去，永世不再，“山盟虽在，锦书难托”，真是令人伤心欲绝。《春花》未写人而情更深，将崔诗淡淡伤感的故事，翻新成直教人生死相念、伤情难遣的惊艳情诗，读来令人感叹唏嘘。

春 声

柳岸飞花落后听，
春风浅草马前铃。
微雨初燕全不是，
借向梨花隐姓名。

【赏析】此诗写春声，独具特色。春声无形，何由描绘？诗人巧借春形赋春声，别出心裁，别有意趣。尤其值得注意的是，诗中每一句都化用了前人写春的诗句，并且剪辑得毫无痕迹，自然天成，实在高妙。首句从春末景象写起，在柳岸飞花落下之后来听春声。这里含有“草木知春不久归，百般红紫斗芳菲。杨花榆荚无才思，惟解漫天作雪飞”的春色烂漫的图景。杨花就是柳岸飞花。

这里呈现的是乐观向上的春浓气象。接下来春声倒回到初春时节。“春风浅草马前铃”，令人想到“天街小雨润如酥，草色遥看近却无。最是一年春好处，绝胜烟柳满皇都”。这里在初春意象中特意加上“马前铃”，于是便听到了充满活力的春声。“微雨初燕全不是”，这里的“全不是”，并非说这里的图景不是春声，而是说它们全部不能算是最好最妙的春声。“细雨鱼儿出，微风燕子斜。”这是历来为人传诵的名句。鱼儿欢欣，出水有声；燕子轻盈，呢喃有声。这是多么美妙的春声啊！但它们还不及“借向梨花隐姓名”。这末句最妙，春声因此达到极致而进入高潮。

《红楼梦》第三十七回中，“秋爽斋偶结海棠社”，有探春等人的“咏白海棠”诗六首。白海棠又名梨花海棠，开花在春末。被评为海棠诗第一的黛玉杰作中有“借来梨蕊三分白”，用在这里则是“借向梨花隐姓名”。众声争咏白海棠，何等的热闹有趣！而用在本诗中，借和被借，都是春花。群芳争艳斗美，可谓热闹非凡。而人间的争咏春声，更是张扬个性、表达自由的美丽心声。它们交织融会成美妙无比的春深音画图景。至此，春声之美，已是登峰造极。

值得注意的是，黛玉咏海棠，表现的是伤感情绪，而这里只取梨花海棠的洁白美丽与咏诗的热闹非凡、个性张扬、自由欢快场景。全诗的基调喜乐昂扬，显示出我们这个时代的活力。

春问

玉兰难掩叶底春，

日暖睡沉莺不闻。

花开何时谁初见，

门扉轻叩问邻人。

【赏析】这首诗，诗中可见画。通篇读完，给人一种灵魂上的宁静和休憩。短短四句诗，将暖风扑面、日暖人闲的春日景象描绘得栩栩如生。

第一句“难掩”让人看到鲜嫩欲滴的那抹绿意，就能在脑子里浮现出一幅玉兰闹春图。通过全身雪白的玉兰来衬托出底下浓郁欲滴的春色。

第二句“日暖”“不闻”衬托出这个午觉睡得是多么惬意，多么深。闭上眼睛想一想，连小鸟的吵闹都吵不醒，这一觉会有多么舒服！这两句对静态景物描写栩栩如生，动中带静。接下来“花开”，因为人都会关注自己比较在意的事物，为什么没有人注意到门前的花已经由含苞待放变为花团锦簇了呢？是因为不关心吗？不是的，是因为春天的暖阳，还有的景色已经让人不想再去考虑任何事情，只想来场春日大眠！由第二句的“睡沉”、第三句的“花开”慢慢将读者吸引到动态景物中去。

最后第四句在千呼万唤中出来“轻叩”“问”，将一个不好意思的问路人，描写得淋漓尽致，将这幅春日问路图补充得更完整。就连敲门问路的陌生人都能感受到春日的慵懒，唯恐自己的敲门声惊醒了门内午睡的人。

通读下来让人感觉诗中有画，画中有诗！读到最后，可能连自己诵读的声音都会变轻。诗中没有使用任何绘画技巧，但诵读下来，在国人们眼中就是一幅最好的山水画！

春 微

二月春微柳初含，
含苞先吐浣花南。
岂能春风皆得意，
却有人面最自惭。

【赏析】这首诗前半部分表现出诗人敏锐的观察力，在冬天刚结束的时候，诗人就已观察到路边柳树上那细小的花苞。也体现出诗人对生活充满了热爱，因为一个人如果不是对生活充满热爱，是无法观察到身边的一些细小美好的景物和景色的。生活中从来不缺乏美，而是缺少发现美的眼睛。

农历四十九日在蜀地被称为浣花日，蜀人也经常会在这个节日中呼朋唤友一起踏青宴游。“吐”字生动形象地写出柳树也为即将到来的春天开始做了准备。后半部分诗人写出了一些生活规律和自己的人生感悟，没有谁能一直春风得意，也没有人所有的事情都能心想事成。

生活总是会跟人开些不大不小的玩笑，但是只要自己心态端正，遇事不妄取，不妄予，不妄想，不妄求，以一种“宠辱不惊，闲看庭前花开花落；去留无意，坐看天上云卷云舒”的豁达感，发人深思。这种态度也是我们今后为人处世可以学习的态度。最后一句表达出作者不喜好邀功、谦虚的性格。

泰戈尔曾经说过：“花的事业是甜蜜的，果的事业是珍贵的。”江山代有才人出，身边总是会有一些人是出类拔萃的。作者第一反应也不是嫉妒、憎恶、打压，而是想到做一片绿叶，去完成即将要做的事。桃李不言，下自成蹊。整首诗由景生情，写出作者豁达、谦虚的生活态度，以及乐于奉献的精神。

春 让

从容不争开，

因以让为怀。

谁言芳菲尽，

次第春才来。

【赏析】本诗的第一句就将自己豁达从容的态度直接写出，也让人读的时候有个疑问：为什么不争着去开放呢？为什么不一起去衬托这个美好的春日呢？

第二句则为第一句释疑，哦，原来是因为谦让，让更多的花草树木有表现的机会。良宵苦短，蓄势积攒了一年的能量，当然要给能够欣赏的人看到它们这一年的努力。但是作者心里却是想着将第一眼的机会让给别人，因为从第三句和第四句诗来说，当别人都误以为春天已经快要结束，积攒了一年的努力要爆发出来的时候，反而会给人一种感觉春天才刚刚到，美好的事物还能延续很久的感觉。

作者自己心里有自信，自己一年的积攒努力也不会比别人差多少，也相信能借着春天暖暖的气息，带给大家一个更加美好的春日景象。天道下济而光明，地道卑而上行。该诗主要教育我们做事不骄不躁，君子持器于身，待时而动，不用去争一朝一夕的长短。当满园春色都开遍之后，我再开放，又有谁能说这不是春呢？也相信别人会认为春天才刚刚开始，正是这种你争我让，才能造就春天百花齐放的感觉。读这首诗更应该学习作者谦让的精神，也应该对自己感到自信，对自己默默积攒的能力感到自信。

不争一时之短，要争一世之长。人生在世不过白驹过隙，我们只要尽力就行了，保持好自己的心态，等待适当的时机，如此而已。

春色

妆在少处雅，
淡于多处浓。
虽喜梨花色，
却道不如红。

【赏析】梨花自古以来是高雅纯洁的象征，多少文人墨客都以梨花高洁的品质自居。本诗前联直截了当地写出，梨花可能开得零零星星的时候颜色很是雅致，但是当梨花开得多了之后颜色也会变得浓，再加上冬天基础的颜色就是白色，经过一整个冬天，人也是会有审美疲劳的。

后联作者虽然表面写喜欢梨花的颜色，但因为冬天刚过，所有的颜色还是以白色居多，万白丛中一点红，这一点点的红色初现，对于已经看了一个冬天白色和枯枝的作者来说比较清新雅致，有趣和充满了生机。

后联前半句说明作者内心依然比较认可梨花所代表的高雅的品质，后半句表面写梨花的白色不如红色好看，但是内里表达了作者自己锐意进取、奋发向上的心境。现在社会竞争十分激烈，作者虽然很喜欢梨花高雅的品质，但是现实生活中还是需要锐意进取去争取属于自己的机会。现在是个百舸争流的社会，应该对新生事物秉持开放、理性、包容的态度，也符合事物的发展规律。

如果不一马当先、锐意进取，对时代有敏锐的观察力或者跟紧时代浪潮流的话，很快就会被时代狠狠地甩在后面。

每一朵开在春天的花都经过了夏秋冬三季的积累，每一抹艳丽的红色都经过狂风暴雨雷霆般的洗礼。只有一直保持自己的竞争力，保持学习与进取心，才能绽放出春天里最亮丽的色彩。

春 去

来意不及去意匆，

绿下难掩欲落红。

三月初逢叹微雨，

凌乱杨柳四月风。

【赏析】这首诗以平铺直叙的文风，让人直观地感受到春天的离开，对于景物的描写入木三分，让人有身临其境之感，和作者一样见证春天的离开。诗作表面上写的是春天的离开，但是深层是对时间飞逝发出的感慨。一季又这样在自己眼皮下过去，一载又何尝不是呢？

作者的内心还是想要劝诫我们需要好好地珍惜光阴。因为时间的流逝是无声无息的，谁也无法挽留，只能眼睁睁地看着时间在你面前带走落红，带走微雨，带走四月的杨柳风。等你感受到的时候，可能春天已经在你眼皮子底下溜走了。

所以，大家应该把握当下，珍惜眼前的美好时光。整首诗通篇没有提到春的字眼，但是通过对景物的描写，如春天的落花，三月的绵绵细雨，还有四月吹面不寒的杨柳风，让人感受到春天的离去，最后只剩下留而不得的淡淡遗憾！由此可见，作者平日里对景物观察的细致，风吹一片叶，万物已惊春。在当下忙碌的生活节奏中，恐怕很少会有人能够有时间回过头来看看脚下。多数人可能只有当夏天的骄阳晒到身上的时候才会感叹春天的离去，哪里会注意泥上的落红、润物的细雨呢？

是否这世间越美丽的风景，就注定消逝得越快？凡是美丽的东西都是有限定时间的，就好像有保质期一样。逝去之后，只能在满目荷花之中感叹着春天的离去，只能在回忆中来寻找它曾经来过的痕迹。

春 夜

浣花水涨夜潮深，

杏花带雨落宅门。

岂是草堂春色浅，

春声趁夜人不闻。

【赏析】在本诗中，作者把春天的温柔一点一滴地以笔润画，带来了一幅春夜图，展现在读者眼前。许多的文人墨客总是把春天最艳丽、最光鲜的一面描绘得缤纷多彩，而作者却把春天的温柔从夜里悄无声息地提炼出来了。

第一句中的“涨”把春天多雨的情节凸显出来，春天到了，天降甘霖，给大地带来生命的浇灌。夜里的河水慢慢地升高，沿着河堤一步步地往上爬着。幽静的夜里，望着水面波涛，却看不透这水下到底隐藏着什么样的风景。

第二句可以说把春天的温柔刻画得非常细腻。这里也体现了作者敏锐的观察力。这个“带”字可以让人想象得到的画面是：静谧祥和的夜里，天空中飘洒着的细线点点滴滴地朝着初生的稚嫩拥抱而去，门前的杏花上也免不了被这惊喜狠狠地砸中，可是柔弱的花瓣却难以承受这雨滴的深爱，于是雨滴顺着花瓣的轨道慢慢地落在门前。后半部分的诗句把春天的温和表现到了极致，生动形象地展现出“润物细无声”的特点。第三句的“浅”字说明春天来临了，万物萌芽，原本萧条凄凉的大地冒出了生机勃勃的植物。它们从大地母亲的怀抱里挣脱出来，昂首挺胸地抬起自己高傲的头颅。春雨淅沥沥，春风笑盈盈。

最后一句中的“人不闻”把春天默默耕耘、无私奉献的精神给展露出来。当绚烂多姿的世界呈现在面前的时候，人们才发现原来春天早就趁着夜色无声无息地来临了。而作者正是把这种精神通过春天传递出来。

春来

谁染柳岸青，
展卷画几坪。
何来盎然手，
掠水江不惊。
凭风轻羽翅，
新声旧燕鸣。
又飞浣花口，
衔翠万里征。
一剪柳枝绿，
箐箐满锦城。

【赏析】该诗的第一句先发问，让读者带着疑惑的心情去读接下来的诗句。是谁将这杨柳岸全部染成青色呢？“染”字用拟人的手法来写春天，又使用夸张的手法突出风景的美好，让人展开画卷都能画个几坪出来！第二句又问，让读者心里的疑惑加重。后半部分使用拟人的手法，掠过江面水都没有惊动，从侧面来描写春天的温柔。借这股温柔风，仿佛空中飞翔的燕子挥舞翅膀的频率都低了些，就连去年离去的燕子今年听的声音都好像是初次结识一样！

随着燕子的飞舞，仿佛燕子嘴里衔着绿色的颜料在四处涂抹！当那像剪刀的尾翼飞过柳岸时，柳枝仿佛都比之前更绿了点。燕子慢慢地飞着，绿色慢慢地充满了整个城市！读完整首诗，让我们再想想诗人第一句和第二句的发问。我想读者心中已经有了答案，诗人最后两句都在描绘燕子飞过的景色，给人一种绿色都是燕子给染上的错觉，实际烘托出春天的美好。

让读者跟随着燕子的飞舞一起去领略春天美好的景色，去衔着颜料一点一滴地将这个春天全部染绿！读完整首诗之后，给人一种轻松满足享受的感觉！随着整首诗的气氛烘托，仿佛自己都已经化身成为燕子，去传播春天到来的信号。

春尽

春尽怕是缘春浓，
但见柳青绿未从。
谷雨过后谁惜春，
邻家篱院锁樱红。

【赏析】这首诗对春天的描写非常的写实。作者提笔写春尽，倒不如说在描写暮春，在一字一句中把春天最后一个时期的景色徐徐展开。

从诗的前半部分可以感受到作者体会到了春天的生机和温暖，捕捉到春天对这个世界滋养和哺育的时刻，那为什么春天这么快就流逝了呢？作者在第一句做出了解释，因为春天完成了使命。暮春三月，春风拂面，芳草如茵，阳光和煦。春天无边的温婉复苏了苍凉的大地，所有的生命在这一刻便开始筹划各自的征程。树的枝头开始染上绿的意味，花儿也开始酝酿绚丽的色彩。“乱花渐欲迷人眼，浅草才能没马蹄。”这是一个诗情画意的季节，也是生机勃勃的季节，春天为大地带来了希望和温暖。而当这一切的使命完成时，下一个接力手会带领这生机焕发光彩，这也是作者用第一句的“缘”字所表达的含义。

第二句中写“绿未从”，为什么绿未从呢？因为春天是一个蓄力的时期，当大地渐渐复苏时，只有到了爆发期才会百花齐放，所以柳枝上虽然挂上了嫩芽，却还没到随风飘摇的时候。春去夏来，这是大自然运转的规律。谷雨过后就是立夏，春天一步步地走到了暮年，而初夏却是绿意盎然的，所有的争艳都将在这个时候慢慢开启。

当所有的目光聚焦在初夏的欣欣向荣时，这个给人间带来希望的姑娘却在渐渐远去，在下一个轮回前都不会再出现，所有艳丽的色彩背后都深深地隐藏着这个默默奉献的姑娘。作者在最后两句表现出了对春天的喜爱，以及对春天的奉献精神的赞扬。

忆旧游·春将立

春将立，
浣花最寒，
鹂燕声断，
羽单恐诉飞江怨。
来又如何，
他乡难逢旧时伴。
只有韶光暗换，
锦江边，
草堂畔，
诗情已忘题画扇。
何必江山，
把酒独园，
梅醉几盏，
闻香只愿芳菲慢。

【赏析】这首词主要描述了作者在冬末春初的时候一个人在自己小院里把酒独酌，叹息时光飞逝！“春将立，浣花最寒，鹂燕声断，羽单恐诉飞江怨。”这里形象地描写出冬末春初气候的寒冷，连平时在枝头叽叽喳喳的小鸟都已经听不到声音，单薄的羽毛都难以倾诉飞过大江时候的愁怨，翅膀拍打的有气无力又从侧面描绘出天气的寒冷！

人在他乡难以碰到旧时的玩伴，只有时光在那里默默无声地流转。重新回到记忆里的地方，沉浸在记忆中那些脑子里已经没有了的诗情画意中，也不会去想工作上面的事情了，只是一个人静静地坐在院子里独酌。“梅醉”以梅喻说作者也差不多喝醉了，闻着鼻子上的味道，只希望时间能够慢慢流逝。整首诗通篇有一种淡淡的忧愁，从开始的鹂燕，到后来的锦江草堂，再到最后只身所处的小院，处处都体现出诗人孤单寂寞的感受。随着韶华的飞逝，身边的朋友也越来越少，再加上诗人客处他乡，除非有什么特别的事情才可能会碰到，不然一辈子真的很难再见到曾经的老朋友。多想能听听老朋友口中的乡音啊！但是没有办法的，因为每个人都有自己的生活轨迹。

作者最后也想明白了，只希望时间能够慢慢地走，多留点时间给他和他的故友。读完之后，让人不禁深深感慨作者和朋友的感情之深沉！

三 月

修枝所向三月开，

邻家相陌又高宅。

物改人非惑归燕，

隔年春江望楼台。

旧燕新人两相猜，

落花无声秋月白。

万世轮回皆转瞬，

不敢悲秋怕春来。

【赏析】诗的第一句简单描写，就将自己在院子里工作时看到的画面勾勒了出来。作者在院子里修剪枝丫，希望它能在春天回来的时候更好地开放，却发现隔壁的邻居家换了新主人并且盖了高宅。

诗的第二句将春归的燕子拟人化，生动地突出了生活的日新月异。就连春归的燕子都不确定这是不是自己去年时候的家，流连了整整一年的江水也是无言地望着新建的楼房。诗的第三句中作者揣测倚栏的邻居和天上盘旋的燕子，是不是去年的燕子和今天的新主人相顾无言，都在他（它）们脑子里想这人（燕）是哪里来的呢？后半句写景，描绘得极具代入感，庭院里的花儿无声地落下，还有秋天的月亮也落下一地白霜。

第四句作者发出自己的感慨，时光悠悠千百载，但在今人的眼里仿佛只是瞬间。人们都不敢对秋天感到悲伤了，因为怕下一载的春天很快过来！提醒我们不要过分关注时间的流逝，虽然我们处于一个现一秒和前一秒都变化很大的快时代里，但我们需要的不是去哀叹过去。我们更应该努力地去把握当下，做好当下，这样才不会在以后的日子里后悔现在没有好好做！

整首诗通篇读下来行云流水。作者在第二句、第三句中写法很有意思，将春归的燕子还有新来的邻居状态勾勒得活灵活现，仿佛我们就和作者一起在庭院里修剪树枝，然后抬眼看邻居逗弄燕子！

清 明

夜落一江垂柳间，
两岸风轻过雨烟。
锦水春流少溅泪，
杨柳垂枝丝百千。
烛火他乡江堤下，
音颜故土白云端。
清明祭思何处是，
远山啼血红杜鹃。

【赏析】诗的第一句勾勒出清明时节的景色，朦胧春雨已经下了一夜，落在江边的垂柳之间，岸两边风轻轻地吹着细雨；并且点名作者所在的地方，是在江岸边，为下文的描写做铺垫。

江水也默默温柔地流着，而不像在别的时节那么急。“少溅泪”既是对景物的描写，也是对诗人心理的描写。岸边的杨柳垂下来的枝条丝丝缕缕，让人数也数不清！“丝”也通“思”，既是对杨柳垂下来的丝条的描写，也是对清明时节人们心理的描写。两双关字提高了诗作表达的意境，也让整首诗读起来更加有韵个味！

清明用来祭祀的烛火摆放在他乡的江堤下面，而已经逝去的音容笑貌和故乡却在远远的白云端！“他乡”“故土”两个对仗的反义词，还有“烛火”“音颜”直接塑造出一种“身在他乡为异客”的清冷场景，烘托出清明祭祖的孤单追思之情！

最后一句交代作者对这个气氛是怎么处理的。哪里有什么处理，诗人本人也是将那一份清明追思的感情，都寄托在了远方山上远远的红杜鹃中！整首诗读起来，情绪逐步地递进，从第一句对于身边景物的描写；慢慢到第二句双关字，略带愁绪；到第三句，清冷孤单；直至最后一句的乐观豁达，情绪达到巅峰。形象生动地刻画出一个在外游子遥寄哀思的情形，让人感同身受！

浣溪沙·端午

身居临江阁，

难得江心月，

流连一醉，

管弦凄切。

多少韶华，

半是半非伴盈缺。

心事重重，

幻轻舟一叶，

暗潮起伏，

不动丝毫风色。

只有栀子闲落，

虽缘寂寞，

毕竟婉约，

恍若寒忆北国，

数枝雪。

华灯初上，

日暮西斜，

云薄酒烈，

几番思索悟明灭。

江山谁所属，

皆过客，

无论荣辱俱忘却，

惜只惜，

几度佳节。

【赏析】这首词前半部分情绪逐渐递进，“在半是半非半盈缺”中到达高处，“流连一醉”“管弦凄切”给读者一种冷冷清清凄凄惨惨戚戚的感觉。伴随着这样的心事重重，作者开始写了下一段落。这个段落只是写随着时间流逝，曾经带给作者的所有感触和经历让作者变成了一个云淡风轻的人，从“暗潮起伏”“不动丝毫风色”可以看出作者处变不惊的处事态度。

写完心理，作者又继续写风景。看着院里的栀子花落，作者又想到了寒风中的北国风光，“数枝雪”“华灯初上”“日暮西斜”“云薄九烈”到最后的“思明灭”，情绪上一层一层地递进，变得越来越强烈，和前半部分遥相呼应，让人忍不住一口气读完之后顿生一种酣畅淋漓的感觉，非常痛快。这几句描写很精确地勾勒出一幅黄昏饮酒图，里面又夹杂着北国粗犷，因为云薄酒烈！

畅饮之后，作者不禁发出自己的人生思索：没有人能永远地拥有过往的荣誉，我们都是时间长河里的过客，无论获得了多少成就，都能被时间所忘却。你为了荣誉不惜日夜奋斗，这没有错，但是还是要抽出点时间来看看身后一直支持你的家人，多少英雄像大海里翻飞的浪花一样消逝得无声无息。所以，不论现在你得到了多大成就，获得了怎么样的成果，是否可以暂时性地忘掉呢？因为这些并不能永久地陪伴你，都只不过是过眼云烟，只有一直在你身后默默支持你的家人才是你最应该珍惜的。不然多可惜这美好的节日呢？这首诗可以看出诗人对待事业和家庭的态度，家人永远都是第一位的，因为他们是能永远陪着你的人，而现在的成就和事业都只是过眼云烟！这首词旨在劝诫当今社会为事业打拼的人，提醒他们什么是自己最珍贵的东西。

春日

雨过樱红早开窗，
莺啼柳绿看春江。
浣花草长无增色，
草堂花小不减香。
菊浅蝶飞东篱院，
月深人约西桥廊。
若惊多舌黄莺鸟，
几声叶底春音长。

【赏析】春日是生机勃发的美好时光，也是易起闺愁的敏感之日。这首《春日》更是春情袅袅，意蕴深长。一夜春雨过后，樱桃红了。诗人早起开窗，聆听春晨鸟声，赏观雨后春景，不禁思绪飞扬。

樱桃可以代表特别有活力的女孩子，可以代表很鲜活的爱情，它不仅象征着爱情、幸福和甜蜜，更蕴含着珍惜这层含义。樱桃英文名 cherry，音译车厘子，意思就是珍惜。这开头的樱桃意象。为全诗奠定了情感思绪的基调。“莺啼柳绿看春江”，则将思绪推向了遥远的远方。听到莺啼，便令人想起“打起黄莺儿，莫教枝上啼。啼时惊妾梦，不得到辽西”的哀怨；看到柳绿，自然联想到“闺中少妇不知愁，春日凝妆上翠楼。忽见陌头杨柳色，悔教夫婿觅封侯”的伤情；看到春江，更令人想到“问君能有几多愁，恰似一江春水向东流”的诗句。

真是春愁不尽，哀怨多多。“浣花草长无增色，草堂花小不减香。”浣花草堂，既与杜甫有关，也与薛涛相连。“映阶碧草自春色，隔叶黄鹂空好音。”浣花溪畔碧草长起来了，但春色并未见增，愁绪依旧深沉；而草堂里的花儿虽小，其香气不减，相思情愫凝重。薛涛《牡丹》诗有云：“传情每向馨香得，不语还应彼此知。只欲栏边安枕席，夜深闲共说相思。”奇怪的是，此时正值春日，何来的浅菊？“菊浅蝶飞东篱院，月深人约西桥廊。”

其实，这是诗人的联想，是虚写，并非是眼前实景。诗人联想到了什么？“东篱把酒黄昏后，有暗香盈袖。莫道不消魂，帘卷西风，人比黄花瘦。”李清照思念夫君，以致人比黄花瘦。这还不算奇特，诗人的思绪更飞向了遥远的西方，“桥廊风爽堪留客，波底星光可醒龙”。

西方著名爱情电影《廊桥遗梦》讲述了一位家庭主妇偶遇一位摄影师，在经历了短暂的浪漫缠绵后，因不愿舍弃家庭而与恋人痛苦地分手，但爱恋相思却萦绕了她的后半生。这都是关乎情爱，所堪珍惜的不尽相思的人生美好。诗人收回联想，回到眼前春景，呼应开头的“莺啼”声声。“若惊多舌黄莺鸟，几声叶底春音长。”

情思所及都是静悄悄发生的故事，这深情暗涌的心声，若是惊动了黄莺，在多舌的黄莺那儿是藏不住的，一准会变成婉转悠扬的歌声在春天里传唱。古今中外多少春日的悲情愁绪，在此都变成了和乐的欢歌。

暗情涌动中所堪珍惜的一切，也成了满世界都知道的公开透明的人间美好。此际春日，已非彼时之春日也！

看花

隔江欲看花几树，

东风畏远春不渡。

就近篱前细细寻，

繁花却在无色处。

【赏析】这首《看花》写得妙趣横生，意蕴深厚。其妙之一，就是先写远处风景看不清。但是诗中不说看不清，而说“东风畏远春不渡”。

将春风拟人化，把责任推到春风上。东风即春风。因为春风畏远，不肯渡过江去，因而隔江看不到繁花满树的美丽风景。一树如此，二树如此，三树还是如此。

总而言之，想看隔江美好春色，看不到。不要怨树无花，怪只怪春风畏远偷懒无为。诗人巧妙地将唐人“羌笛何须怨杨柳，春风不度玉门关”的诗意用在这里，化寻常为奇特，增添了诗意的妙趣。但这个妙趣不是表达的核心，而只是为后面诗意的推进做铺垫，做了很好的铺垫。既然远处风景看不清，那么，就看近处吧。“就近篱前细细寻，繁花却在无色处。”这里隐含了两重诗意。一是颠覆了人们的习惯认知：近处无风景。因为近处的风景司空见惯，熟视无睹，因而即使有美好的风景，也感受不到。繁花代表美景，美景其实就在近处，就在身边。世界上不是缺少美，而是缺少发现美的眼睛。

这是第一重意蕴。另一重意蕴，就是美景往往就在人们不注意、色彩并不艳丽的地方，需要人们细心观察，在看似寻常的风景中去发现不同一般的美艳之所在。这是第二重意蕴。而这一重意蕴，带来了极高深的妙境："众里寻他千百度，蓦然回首，那人却在灯火阑珊处。"诗人开始是向远处看风景，一看二看三看，都没有发现美好的春光艳景，但当他蓦然回首，向近处看时，却在无色处发现了繁花似锦的美好春景。

这"无色处"与"灯火阑珊处"，即灯火稀疏，人们不注意的地方，是不是颇为相似？诗作就是这样巧妙地化用古典表达新意，看似寻常却奇绝，确实是妙趣横生，意蕴深厚也！

邻 花

每值阳春月，

最当悟枯荣。

藏得三分色，

不必十分红。

【赏析】这是一首言简意长、蕴含深远的别致小诗。“邻花”的诗题就很别致。当邻字作名词用时，意为相邻之花，写的就是花；而当邻字作动词用时，则是以花为邻。这个邻字，就是借鉴的意思，以花开景况为人生的借鉴，写的是人生感悟。

从诗意看，这两方面都有蕴含。表面是写花，是对邻花开落景况的观感；背后则是人生感悟，是为人处世的哲理思考。“每值阳春月，最当悟枯荣。”这是对花开景况的总体思考。春暖花开，繁花似锦，好一派生机。这时就要预料到，花开必有花落时。因为好花不常开，好景不长在，要珍惜这美好的春光，不让人生有遗憾。

这是人生中最值得思考筹谋的问题。花有枯荣不是偶然之况，而是自然规律。所以，每当花荣之时，都应当想到它也会走向枯萎，从而规划好人生的长路，正值之时作合宜之事，让人生精彩。纵然生命走向衰微，光华依然照身，美艳长存。

“藏得三分色，不必十分红。”则是承接前意，从另一个角度思考人生。人生有枯荣，青春须珍惜，但不要过度消费。为人做事，立身处世，应注意留有余地。无须时时用力十分，事事追求完美。“藏得三分色”，就好比一个人长跑，若一开始就拼十分的力，肯定不能持久，必然会导致落败；要是留得三分力，就可以持续发力，有望取得佳绩。

“不必十分红。”就是要注意物极必反会带来逆情。月儿圆满了，就会走向亏蚀。

人生达到了顶点，就意味着不能再行超越，就只能停滞不前甚至倒退。古人《半字歌》有云：“饮酒半酣正好，花开半时偏妍。”讲的就是这个道理。但凡事言半，未免过于机械。《邻花》中“藏得三分色”，显出七分红，接近科学意义上的黄金分割率，“不必十分红”，却有奇妙美。此中可谓有深意，堪待诸君细细品味！

四 月

沾衣微雨一闲身，

过眼桃花半委尘。

还是无奈秋去处，

春风又吹看花人。

【赏析】这首《四月》很是妙趣。其妙趣在于，别人往往慨叹春去秋来，喜欢回忆过去的美好不再而叹息当下的凄凉愁苦；而《四月》则反转过来，在昔日秋凉的愁苦无奈处，春风又回，繁花似锦，看花如醉。那是悲去喜来的欢悦图景，表现了乐观看世界、逍遥度人生的阔达情怀。

在写作构思上，首联写四月春色将尽，“过眼桃花半委尘”的景况，为后联乐观言志作铺垫。桃花春景，美丽动人。可它却像过眼云烟，很快就会消散。时值四月，桃花已是半数委诸尘土，这就不免带有一般人的“落花流水春归去也”的叹息之情。但需要留意的是，“沾衣微雨一闲身”中的“闲”字，值得品味。这个“闲”，无论是真的闲，还是故作的闲，反正是闲人，闲人处身悠闲，是不会计较什么的。这就为跳出一般人会因春尽花萎而伤感的情感藩篱，埋下了伏笔。

苏轼曾写过一篇很短但极有深意的散文小品《记承天寺夜游》，里面就戏称自己是闲人，因而没有烦恼忧愁，能够尽情地享受清风明月的美好。其实，他当时正被贬黄州，人生灰暗，而他却乐观阔达，化苦为乐，书写了精彩的人生。

《四月》也正有此情韵。这位“闲身”的先生，在“过眼桃花半委尘”的境况下，在“还是无奈秋去处”，看到了“春风又吹看花人”的美好景致。而这里的“还是”“又”，说明这种情境不是一次两次的偶然，而是年年都会如此的规律。既然是规律，正如月缺之后会有月圆一样，周而复始永无止境。我们何不尽情去享有呢？诗人懂得也看到，人生会有悲情，但不要沉浸其中，多朝好的方面去想，人生也就多了幸福美好。这便是本诗妙趣的核心价值所在。

菩萨蛮·晚春

风起江末，

独向黄昏，

雨打青萍后，

枝下湿处看花深。

新不若似，

故不堪温，

江风雨微过，

只剩樱红留晚春。

春知多少，

来期谁问，

别在相惜时，

云倦闲亭待去人。

【赏析】这首词主要写的是春末黄昏的时候诗人独自站在江边欣赏美景有感而发的事情。前面几句作者开门见山地直接点名地点人物，在江的末尾作者一个人独自欣赏着美景。春天的细雨打过漂在水上的浮萍，许多盛开的花朵也随着节气的变化慢慢凋零，“枝下湿处看花深”让人的目光直接跟随作者的视线看向了枝头下面最湿的地方。“新不若似”“故不堪温”颇有一种衣不如新、人不如故的感觉，让读者在一瞬间能够和作者一起共情。接下来几句作者主要是抒发了自己的感受。

当江风和细雨都过去的时候，只留下红红的樱花还在盛开，向别人诉说我还没走！“留”字将人们对于春天的离开的惋惜转为樱花的挽留，仿佛是樱花在挽留春天，让人感慨作者文笔的老辣！春天又有谁知道多少呢？来的时候有人问过吗？总是让人在最依依不舍的时候告别。

总是要互相道别到连天上的云彩和来来往往的亭子都闲下来的时候才能分别！整首词通读下来，有一些经典的词句让人听完之后回味无穷。整首词作者借着景物的描写慢慢带动到人的情绪上来，告诉读者需要好好珍惜美好的时光，不管是与美丽景物的相遇还是人和人之间的相处，千万不要等到要离别的时候才回过头来想要挽留曾经美好的记忆。

微雨

微雨趁夜生，
可有意不同。
惹人则憔悴，
润物却滋荣。
临江共听雨，
无约人自逢。
只是初晴后，
谁别锦官城。

【赏析】本诗诉说的是别离之情。此诗不品则思无味，怎么说呢？

诗表面是对于下雨时候的雨景的描写，在第一句可以看得出来，“趁”字写了下雨的场景：沉重的暗幕下，幽静的夜里，毛毛细雨悄无声息地飘落着，如烟如雾，丝丝缕缕的缠绵不断，飘洒在瓦砾上、青草间，淋湿了房，淋湿了地。第二句的“意”字赋予雨以生命，更加生动形象地把雨天的情景展现出来。为什么“意不同”呢？由此引出了后两句的画面：雨滴像一颗颗晶莹的珍珠从空中洒向各个角落，那些还在外面奔波忙碌的人们被雨淋了之后，所有的毛发和衣物紧紧地贴在身上，显得非常憔悴。而那些接受了雨滴滋润的植物却仿佛喝到了琼浆仙露般变得更加青翠欲滴，生机盎然。

后半部分的内容更是抒发了作者对于友谊之情的珍惜和看重。第五句的“共”字说明作者不是一个人而是有人陪伴着，雨在淅沥沥地下着，驻足在江边看着波澜起伏，身边有朋友在一起欣赏这雨纷纷的美景。第六句中的“无约”更是阐述了作者和朋友的惺惺相惜，都有着同样的喜好和行为，非常默契地在一个地方赏雨。

最后两句表达了作者的惋惜之情，其中的“只是”和“别”更是点明了情况。是啊，多少曾经交好的亲朋挚友都在琐碎的生活中各奔东西，就如这雨滴一样，虽是同一片天，却落八方地。

夏

夏雨

无意空蒙有意风，
凌乱锦水画不成。
无执便舍丹青念，
听得雨微两三声。

【赏析】这首《夏雨》虽不是禅诗，却有着浓郁的禅意。首联写夏雨的观感。夏雨不同于春雨或秋雨，少有细雨空蒙的景观，多为疾风暴雨的猛烈。

所以开句言夏雨“无意空蒙有意风”，夏雨不会展现细雨空蒙的景致，而常常是一阵疾风暴雨的奇观。正因如此，我们看到的地面，便是“凌乱锦水画不成”。

这句诗里含有三层意思。一是因为夏雨是疾风暴雨，所以地面水流凌乱，甚至河水暴涨，汹涌澎湃。二是尽管水流凌乱，但别有奇观，这里用了一个“锦”字，形容疾风暴雨带来的汹涌水流美丽而壮观。就像大幅织锦壁画，恢弘地展现在我们的眼前，令人浩叹。三是这个过程并未持续多久，想将其美丽壮观的图景画下来，却做不到。或者说，那景观太令人震撼了，只可望见，难以画传。字里行间流露出无法将所见奇异美景留住的遗憾。遗憾归遗憾，夏雨的美景奇观还是欣赏过了，所以诗句又带有欣慰与喜悦之意。

苏轼的“山色空蒙雨亦奇”是美景，《夏雨》中的“凌乱锦水画不成”也是奇观。这便在前人诗意基础上有所承继与创新。后面一联，诗意随即翻转，上升到哲理的层面：不要执着于留住美景的念想，放弃让其长存的企图。还是顺其自然，且听当下的细雨微声吧。

于是，便“听得雨微两三声”，享受到了暴雨过后的微雨轻风的另一番美好。后面的诗句带有佛家“放下执念，浅笑安然”的超然情怀。面对生活的变动不居，要懂得取舍，放下心中的不舍，珍惜眼前人当下事，以面带微笑的心态，面对所有的一切，自始至终保持着一种安然和释然，去拥抱自己可以获得的，享受可以享受的。曾经深爱的人，曾经不舍的事，都在时间中归于平淡。

日出日落，花开花谢，岁月周而复始，一如往昔。我们不要固守执念，应笑着去拥抱当下，面向未来。这便是《夏雨》蕴含的浓浓禅意。

夏晚

夏花无言，

夏蝉轻唤，

谁于桥头弹秋曲，

惹江笛怨。

岸点灯火，

有歌唱晚，

人影孤窗畔。

似急似缓，

若明若暗，

十里江风空嗟乱。

旧声勿听，

旧物勿见，

旧时王谢，

也陌堂前燕。

笛声渐变，

江水轻喧，

东流逝长天，

凭栏不解曲中意，

当时少年。

【赏析】夏天的花儿无声地开着，闷热的夜晚，只有树上的蝉在那儿慢慢地叫着，只听到有人在桥头边上弹奏“秋曲”。这里的“秋曲”不是指秋天的曲子，因为秋天中有太多都是伤感的古语，都有“伤春悲秋”这一说法，所以这里的秋曲指的是比较忧伤的曲子。岸边有星星点点的人家，这些人家里面好像有人在唱歌，有人形单影只地站在窗户旁边。“孤窗”表面是写窗户，实际是写这个靠着窗户的人的孤单。那歌声一阵阵，似有似无，忽急忽缓，这十里长江上风好像都跟随这个歌声在嗟叹！

其实风声一直都没有什么变化，是作者自己因为听到这些歌曲时内心情绪有了变化。但是，作者没有直接描写，而是通过隐约的歌声，还有对江上的晚风这些景物的描写透露出情绪的变化。

“旧声勿听，旧物勿见，旧时王谢。”这里使用了排比的修辞手法，将三个结构相似、语气一致的句子分排并列在一起，增强了语言的气势美，让这首词旋律也变得更美。三个“旧”字更能让读者感受到作者强烈的情感，更加说明作者对于光阴流逝和岁月的飞逝感慨！笛子的声音也慢慢地开始变小，这一直东流的江水也慢慢地变得喧嚣起来，在那夜幕之中好像远远地流到天边。忽然想到自己少年时也像这样靠在栏杆上，但是当时没有听懂这歌曲里面的意思。

最后一句很有时间和空间的剥离感，将少年时候的自己和现在依靠的栏杆一起联系起来，将作者自己从“少年不识愁滋味”到“欲说还休”这个情绪的变化描写得很好。万事万物都随着光阴而发生着改变，没有任何人能逃脱得了大自然的规律！让人不禁和作者发出一样的感慨，再回首恐怕都已是百年身了。

夏至

春燕啄泥尽，

夏蝉鸣始知。

一生未了愿，

只剩半夏时。

【赏析】《夏至》一诗借景抒情，借题发挥，表达对时光易逝的感叹和对有作为有价值生命的珍惜。开头两句点题，点明时令已到夏至。

其写法是借助夏至到来的特有景观以显现之。“春燕啄泥尽”，表示春天已经过去了，春燕啄泥的景观看不到了。“夏蝉鸣始知”，蝉儿开始欢叫，这是夏天到来的典型标志。这一点题句，又为下句借题发挥做了铺垫。

本来按一般写法，既然夏至已到，那就应描写一番夏至到来的诸般景象，可诗歌对景象的描写已浓缩在前面两句之中，不再展开了，而是在此宕开一笔，直接表达出此时对夏至到来的感受。蝉儿的生命只在一夏，夏生秋死。从立夏到夏至，夏天已经过了一半，对于蝉儿来说，其一生只剩半夏了。时光荏苒，转瞬即逝。

借着夏至到来，蝉儿生命已过一半的状况，表达对时光易逝的感叹之情。而这蝉儿并非碌碌之辈，而是心有所愿，生无所息。想到此生有愿望尚未了却，而生命只剩一半，容不得半点懈怠，务须奋力前行啊！我们在此不仅读出了作者的一种有理想有作为、追求生命价值、珍爱宝贵生命的意识，更读出了“天行健，君子以自强不息”的伟大民族精神。

中华民族是一个有着伟大梦想且不懈努力去实现梦想的坚定坚强的民族。这才造就了五千年历尽磨难始终不倒的中华民族之魂。夏蝉很小，生命短暂，但其为实现平生之愿而惜时奋进的精神，却是感天动地、意味深长的。远古时代流传下来的精卫填海的故事，表达的不也正是这样的可贵精神吗？所以《夏至》一诗，其言虽短，其意很长，其言近浅，其旨深远。读者诸君可细细琢磨品味之。

夏尽·秋立

花间红欲无，

檐下雨亦疏。

萍水有所遇，

人逢不如初。

【赏析】这是一首借季节变换言人事无奈的情思短诗。开头点题，表现出夏尽与秋立的季节特点。花园里的红艳即将消尽，屋檐下的雨水也稀少了许多。

这联诗句，隐含着美好的回忆和情境的无奈。春夏之际，雨水充沛，花园里，花团锦簇，姹紫嫣红，令人赏心悦目，给人带来无尽的快意与享受。

可流水无情，光阴不再。随着夏尽秋到，雨天渐歇，干旱将临，繁花去尽，不禁令人伤感无奈。无论是回忆的美好，还是伤感和无奈，都是基于司空见惯的普遍事实，人们难以逃脱其规律性的不断出现。诗人的敏锐之处，就在于从人的习以为常熟视无睹的现象中发现其规律性，引发人们细思深味。但醉翁之意不在酒，借景言情才是真。描述夏秋景变，实为痛感人事沧桑。

“萍水有所遇，人逢不如初。”就是承前言人情的无奈变化。

人生在初次相逢，男女初恋，或朋友初交时，留下的印象非常的美好。这就好比春夏之际，雨润花开，令人赏心悦目。可随着时间的推移，这份美好便渐渐消退，有如夏尽花无，秋干物燥。情感也渐渐疏远，乃至相离相弃。所以纳兰若容慨叹：“人生若只如初见，何事秋风悲画扇。”在这慨叹之中，既有对美好人情的留恋与难舍，更有对聚散离合、人事沧桑的万般与无奈。这首《夏尽·秋立》具有同样的意蕴，并深含别样的希冀和寄托：要珍惜会因时过境迁而稍纵即逝的看似寻常实则美好的眼前人和事，不要有“此情可待成追忆，只是当时已惘然”的不尽悔恨，潜藏着渴盼永葆美好情感只如初见的深意寄托。

夏花

最是百花七月浓，

予我千般寂寞红。

不如折取当前枝，

怕在明年开不同。

【赏析】《夏花》不在写具体的花容叶貌，而在感悟夏花生命的精彩神韵。

七月是夏秋之交，此时的夏花，既有夏日之浓，也有秋来之衰。“最是百花七月浓”，道出了生如夏花之绚烂的精彩浓烈。“予我千般寂寞红”，则略带死如秋叶之静美的安然超脱。但诗作有意避开死亡的哀伤，而取其静美之乐见，将其定格在生命最后辉煌的惊艳时刻，表达对夏花由绚烂浓烈逐步走向安静寂寞的生命变化的特别感触。泰戈尔说：“生如夏花之绚烂，死如秋叶之静美。还在乎拥有什么？”一切都是自然而美好的。既然如此，何不好好拥有，尽情享受？诗作不仅避开死亡哀伤之意，还特意标明夏花晚景虽是千般寂寞，但花色不改，红艳依然，美好仍在，无须见花落泪哀怨伤悲。这比泰戈尔直言死亡更具有积极的乐美情思。

“不如折取当前枝，怕在明年开不同。”这与唐诗“花开堪折直须折，莫待无花空折枝”也有异曲同工之妙，但它超越了唐诗不免哀伤的意境。唐诗的意蕴在于，如果此时不折取，等到无花空折枝，那只有空嗟叹了。但这里说“怕在明年开不同”，明年夏花还会开，年年岁岁都如此。这是可以预见的带有普遍性的客观规律。但这又不是简单地重复，不是“年年岁岁花相似”，而是“开不同”。

如果花相似，那今年不折明年折，也就无所谓了。但因为开不同，错过了今年的花景，明年肯定就看不到了。那就未免可惜了。所以，还是应当珍惜当前的花。

而“开不同”与“空折枝”相异，前者蕴含着可能有更好的景况。这就无须哀伤嗟叹了。这样，既保留了唐诗堪珍惜的诗意，又避免了带有的哀伤情调，表现了珍惜当下，在正值当年之时做合宜之事，拥抱每一次精彩，让生命充满不尽美好的人生态度。《夏花》借鉴了中外诗歌经典珍惜人生美好时光的意蕴，又避开了所带的伤感情调，始终充满积极乐观的情怀，使诗意推进到了全新的境界。

夏荷

万绿荷塘一点芳，

半待半掩半未央。

晚来不赠浅薄色，

人去风送两袖香。

【赏析】荷花，在历朝历代文人心中都是高洁的象征、圣洁的代表。她那“出淤泥而不染，濯清涟而不妖”的品质，受到无数骚人墨客的讴歌。历史上脍炙人口的咏荷诗作也是不计其数。这篇《夏荷》如何表现其独有的雅韵？首先，写夏荷景观，选择夏日最早出现的特别荷景。早到什么地步？“万绿荷塘一点芳。”

看出来了吗？这写法有点儿像唐代齐己所写《早梅》的情景：“前村深雪里，昨夜一枝开。”但这里的荷花还没开。“半待半掩半未央。”也就是说，这夏荷还是含苞待放的景观，这就比写梅花尽管只是一枝，但毕竟开了的情况，显得更早些。

而这与宋人杨万里所写“接天莲叶无穷碧，映日荷花别样红”的景观，更是迥异。这样写夏荷，着意突出其早，就显得非同一般，别有情韵。如果仅仅是写出夏荷最早出现的景观，那还不足为奇，作者的思绪一下子又推延到了夏荷的晚景，即荷花谢去前的特别景观。这样就将荷花的整个一生高度浓缩在诗中，时间跨度很大，内容跳跃性极强，是对一种动态过程的全程展现。夏荷晚景如何?“晚来不赠浅薄色，人去风送两袖香。”这里分别从色和香的个体角度，并从其与人相处相交的社会角度，写出夏荷的特质。她赠与人的颜色，不是浅薄色，而是“接天莲叶无穷碧，映日荷花别样红”；“素花多蒙别艳欺，此花端合在瑶池”。无论是红艳还是洁白，都是那样别致高雅，与众不同。她不仅自己清香四溢，当人经过之时，她还将自己的清香风送与他人，让他人带着清香而去。那境界真是别有天地非人间。诗作就是这样地巧妙运思，传承与创新而又不着痕迹地写出夏荷别样的情韵，值得玩味。

无题

风过竹声疑人叙，
却无消息凭风寄。
临江若失莫横笛，
事随江笛悠扬去。

【赏析】此诗所带来的感觉非常的轻松写意，但是却在清风徐来间带来了不一样的风采。本诗说“无题”却说的是“无提”，为什么这么说呢？从第一句的“叙”字中可以看得出来，作者用了拟人化的手法把风过竹间的景象生动形象地展现出来，可以想象得到，作者畅游在竹林间，忽然远处传来了一阵微弱的声音，就好像是有人在谈论交流，让人忍不住想要靠近一些去追寻这声音的来源。但是在仔细搜寻之后，却非常诧异，因为没有看见任何人。一阵清风袭来，竹枝上的叶子随着风的介入，凑在了一起，发出了一阵激烈的声音。原来是风吹叶子的声音。

清风把叶子的声音带了出去，诗的第二句“凭风寄”把这个场景给刻画了出来。后半部分的诗词把作者豁达开朗、心胸宽广的节操和品性都凸显了出来。从后两句可以看得出来作者传达给外界的精神高度。

第三、第四句描写的是风过江边的的景色，宽阔的江沿有一阵大风刮过，带起了阵阵喧嚣，但是临近江河这种声音却是越传越小。声音像是从横笛的吹奏中传出来的音符，而林间所有的故事也随着江河的流淌和风的脚步渐渐远去，这样的场景不禁让人感到轻快自然。正是因为作者有豁达的心境，才会有如此写意的诗情，无需再提过去，放眼走向未来。这也是我们需要学习的精神和遇事果断的态度。

夏 月

月上枝头悄无声，

枝下夜深更掩红。

今日红尽人不在，

月在去年明处浓。

【赏析】夜晚是情绪散发跳动的时候，多少愁绪从黑暗里祈望归宿。月光是诗人心中的相思，全文都充斥着思念之情。唯美且心酸，成人的世界里总是伴随着许许多多的无奈和疲惫。本诗第一句描绘了此时的环境，夜色深沉，万籁俱静，凉风习习。

忽然一轮圆月从天边徐徐升起，月上中天，温柔皎洁，柔和的月光将夜晚烘托出一片宁静与祥和。月光落在树丫上，远远望上去像是挂在枝头的灯笼。从第二句开始，作者的情绪渐渐开始低沉和落寞，这也是本诗情感的基调。

第二句的 “更” 字也是作者心绪的表现。夜，显得幽静而深邃。在这块黑暗的天幕下，无论是树上鲜艳妖娆的花朵，还是喧闹欢愉的热闹，都变得不是那么明显。就像我们的愁绪也是深藏在自己的心中，只有夜深人静时才会独自一人品味其中的酸甜苦辣。第三句中“人”字更是作者对这首诗的中心表达。“入我相思门，知我相思苦。”这是李白说的，只有心有牵挂才知至情至性。“相思相见知何日？此时此夜难为情”，这是李白的无奈，因为他不知道何时再见。但是本诗作者却是心怀期待，为什么这么说呢？在第四句的“明”字可以看得出作者的心绪在转变，从失落到期盼，从黑暗到黎明，作者相信明年的时候肯定会有更多的温暖和美好，今日的离别只是为了明天更好地相见，这也是作者心境豁达的表现。我们应该学习这种充满希望的心态。

百花

雨落竹丛青似染，
风起塘草味如兰。
万千溪水俱忘却，
不可辜负百花潭。

【赏析】诗的第一句主要写眼睛能看到的景色，勾勒出一幅雨后一新的景象。雨落到竹林中，“染”字形象地将竹子青翠欲滴的颜色展现出来。游人一看都不敢靠近，唯恐碰到那抹青色，会染到自己的衣衫上面。

诗的第二句主要写的是鼻子闻到的味道，风吹起塘草的味道和兰花的味道差不多。集触觉和嗅觉在一起，让人身临其境！整个人都轻松自怡了。

诗的第三句和第四句，主要写自己也看过很多的溪水与小景，但是，最值得回味的还是百花潭。为什么百花潭最难让人忘却呢？是因为它雨后翠绿的竹子，微风吹起塘草清香，颇有一种“除却巫山不是云”的感觉。整首诗先从视觉到嗅觉接触层面，逐次递进，代入感极强，通篇读下来行云流水，不矫揉不造作，让读者仿佛和作者一起去欣赏了百花潭。对于里面的景色，作者已经通过文字直接呈现在读者面前，活灵活现。

甚至都能和作者一起嗅到塘草的味道，描写景物至此，后面对于作者不能辜负的百花潭也能表示一点理解。估计读这首诗之后，下次再进公园看到湖水，定会在心里和作者描写的百花潭对比一下，看看自己面前的湖是否能比作者笔下的百花潭更加出色，景色更加优美。感谢作者能将这么幽美的景色和园景带给大家！

荷初

今夏识几许，
雨纷认不成。
出水逢孤客，
相顾两无声。

【赏析】本诗通篇没有出现“荷”这个字眼，却非常清新自然地把“出淤泥而不染，濯清涟而不妖”这种高尚品格给体现了出来。很多的文人墨客对于荷花是非常喜爱的，描写荷花的诗句也数不胜数，比如杨万里的“接天莲叶无穷碧，映日荷花别样红”。

但是作者却从荷花最初的状态给了外界一种另类的清新感觉。夏天是生机勃勃的季节，是一个突飞猛进的时期，一切都在蓬勃地生长。尤其是夏天的绿色，又浓又绿。第一句的“识几许”就在以一种反问的形式问询，你对夏天的认识有多少呢？

第二句里的“纷”又把夏天多变的情景形象地描绘出来，都说六月的天说变就变，时而晴空万里、碧空如洗，时而天低云暗、大雨瓢泼。后半部分的内容把荷花刚露出头的样子生动地铺展开来。

第三句里的“孤”写出了荷花的“中通外直，不蔓不枝”。这也隐喻作者的心境和对待外物的态度，有自己的原则和坚持，这是我们需要学习的地方。不是非要和其他人一样才能展现自己的光彩，通往成功的路上能成功的更多的是少数人。第四句诗里的“无”字更是凸显了作者的心境，不需要发声，也不需要争论，就像荷花一样安安静静地等待着自己耀眼的光环。“清风徐来，花自盛开”，不仅警示自我也在劝慰他人，在这浮躁的社会里，要注重自我内心的修炼和德行的坚持。

六 月

锦瑟苦短但长歌，

别有人闲更消磨。

欲叨又止柴门掩，

相期六月问如何。

【赏析】美好的时光总是短暂的，但是我们可以放声高歌。还是说闲暇时光更能让人消磨时间？最后两句中，在门外辗转反侧想要敲门却又停下敲门的动作，作者是在问自己还是问门里的人呢？令人深思！这首诗第一句中的“锦瑟苦短”表达了作者对于曾经消逝的美好时光的追忆，“但”字后面又是一个转折，写出了作者能正确对待这些已经逝去的时光，表达出乐观态度。但是说起消磨时光，还是要人闲下来的时候，时间好像转眼就逝去了。

第三句“柴门”仅仅只是掩上并没有真正地关闭，但是敲门的人心中已经生起怯意，生怕打扰到主人家的生活，所以站在柴门外，欲叩又止，独自辗转反侧。最后轻声地问自己，让我们在六月的时候再相聚吧！也可能是作者轻声叩问门里想要见到的人！

从第一句我们就能得知作者的乐观态度，那到底是什么人能让这么乐观的人变得辗转反侧、欲叩又止呢？我想一定是作者心里关于过去最美好的一段时光和回忆。

过往之事不可留，徒增几分感慨！这首诗变相地告诉我们更应该珍惜当下的美好时光，花开堪折直须折，莫待无花空折枝。让一切你珍惜、在意的人和事都留在当下，而不是留在越来越远的记忆中。

夏晚

灯红人向晚，

风浅意阑珊。

不是长相悦，

谁得片时欢。

【赏析】这是一首非常轻松写意的诗，字里行间都散发出一种悠然自得的感觉。短短的五言绝句，道尽了作者历经红尘通透自然的心境。

第一句中“灯红”紧扣主题，也非常迅速地让读者代入到晚上的风景中。当大地渐渐变得安静的时候，夜幕悄悄地从远处一点一点地靠近，晚上的灯火带来一缕缕的温暖，而“向晚”一词又非常质朴地呈现出一种轻松感，忙碌了一天的人们在夜晚来临的时候卸下了疲惫。这仿佛是作者内心的写照，也是作者将这种安静惬意的环境给完美地呈现出来。

第二句“阑珊”又非常切实地把夜晚里所有的惆怅写了出来，当微风从身边轻轻地掠过，仿佛也把愁绪吹动，但是这些又不能言说，只能把所有的烦恼都藏在深深的黑夜。后两句可以说是这首诗的精华所在。

第三句中的“不是”，才是这首诗的中心。人生不可能事事遂人心意，不可能永远安逸自在。要实现自我价值是一件需要长期积累、长期坚持，并获得成功的喜悦的事。这是作者对外界或者自我的一种警醒和鞭策，由此才能引出下一句的感慨。最后一句中的“片时”，正是体现了作者心绪最开心最放松的一种状态。陶渊明所作的那句脍炙人口的诗句“采菊东篱下，悠然见南山”与此有异曲同工之妙。心远地自偏，简单而快乐。整首诗表达出了作者怡然自得、内心豁达之感。

蝶恋花·夏婉

笑颜红透，

正是堪羞后，

欲掩轻衫，

挽起浓花两袖。

一眸如豆，

更有春初露，

怅然怕失，

锁入深闺篱门扣。

【赏析】这首词是从一个父亲的角度来写的，十分传神地写出了父母对于即将长大的子女的一种期待，以及对子女以后要碰到的社会上的问题的一种担忧！这首词前半阙直接将一个豆蔻少女的形象刻画了出来。“笑颜红透”，好像隔着老远父母就看到女儿远远地跑过来，等到近前时额头都已冒出细汗！随着运动，脸颊上微微泛红。

“欲掩轻袖，挽起浓花两袖。”女儿来到近前，看到父母和朋友在一起时，又为自己之前的小跑感到害羞。分明就是个还没长大的孩子呀！后半阙开始流露出所有父母都会对子女的未来而感到担忧。“一眸如豆，更有春初露。”看着自己女儿泛笑的眉眼，突然发现原来女儿已经不是自己印象里面的那个小女孩，记忆里的小女孩现在已经长大了。“初”字十分传神地刻画出父母突然发现自己孩子突然长大时候的惊讶，因为在父母眼里，子女永远都是长不大的孩子。

最后就是全天下父母亲都会有的心态，因为孩子已经快要长大了，而时间却是流逝得最快的，可能一眨眼孩子就要成家立业！“怅然怕失”写出了所有父母既希望自己的孩子能展翅高飞，又怕孩子离开自己太远的心态。最后一句作者采用了夸张的手法，以“锁”“深”“扣”三字可以强烈地体会到作者不希望自己的女儿离开自己的心情！读到最后，不禁令人感慨，可怜天下父母心。

看花台

百花三尺看花台，

十枝不过两枝开。

今日开迟待谁来，

去年白鹭未曾来。

【赏析】该诗第一句直接写出整首诗要描写的主人公“看花台”，原来是百花丛中间长宽各三尺左右的看花台子；接着，作者笔锋一转，描写了看花台周边的景物，同时也为读者埋下一个深深的疑问。

每种花的枝头上，十枝花也只不过是开了两枝。第三句作者直接点出所有读者心中的疑问：今朝迟迟未开是因为要等待谁来吗？最后一句作者向读者解释之前预埋的疑问，原来是去年的白鹭还没到来！我们在这里深思一下，百花迟迟未开放真的是因为去年的白鹭没有来吗？

我想作者想要表达的其实是真正能够欣赏它们的美的人还没有到来。它们也不愿意白白地浪费自己的年华，在无人欣赏的地方盛开，而自己的美好可能也需要一些更善于能发现美的人来挖掘。就和古文里所说的一样，虽然有名马，但是也只是被奴隶驱使，最后竟然成双成对地死在马槽之间，它们的能力没有得到展现。最终却连基本的同情可能都得不到。这首诗发人深省，笔墨看似直白，但是细读之后会发现里面的道理含蓄不尽，颇有一种一唱三叹的滋味和意境！整首诗通读下来全然没有发现作者的道理和个人意见，只是摆出活生生的事实案例，从而胜过讲很多大道理的笔墨！

秋

秋 月

浊影清辉影徘徊，

一饮一念一楼台。

莫问缺盈多相似，

昨夜才从故乡来。

【赏析】本诗第一句中两个“影”字将作者在月下独自浅酌、独自徘徊的身影完整勾勒出来，让人想要问一句，作者到底是有什么烦心事呢？

第二句的三个“一”，将第一句的孤单气氛烘托得更上一层楼，颇有一种“举杯邀明月、对影成三人”的感觉。让人不禁想要问一下，作者为什么会感到这么孤独呢？

第三句、第四句写出了作者为什么感觉这么孤单的原因，让人恍然大悟，原来是因为作者近段时间的心情。别问我这里的月亮和别的地方的月亮是否有些不同，因为我昨天才刚从故乡回来！父母在，人生尚有来处；父母去，人生只剩归途。所有人对故乡都有不同的定义，每个人内心里都有自己最柔软的地方，被我们用最坚强的外表保护和锁住，不让任何外人来窥探，甚至有时候连自己都不被允许观察，一层一层地筑起坚固的堡垒，来保护来防卫。但是总是会有一些事情一些景象能够撕开你的保护，突破的你设置的堡垒，直击你灵魂的最深处。能让你在人群中也感受到一个人独处的孤单。这些事情与景色各有不同，有可能会是一株花，一棵草，一个馍馍，一碗羊肉汤。甚至就连挂在天上，那随着时间变化着盈亏的月亮都能直达你内心的最深处，那些连自己都可能到达不了的地方。

秋 尽

春叶冬枝分，

冷暖各自温。

最怕挽秋色，

不忍立黄昏。

【赏析】该诗的描写非常鲜明地把秋天的落寞给表现出来了，而作者也把内心的惆怅表露无疑。秋天里秋风瑟瑟，落叶纷纷，总是被浓浓的悲伤凄凉紧紧地包裹住，却又挣脱不开，看着秋天的萧瑟发出对秋的唏嘘。

诗的第一句中，作者把春天的生机和冬天的冷漠体现出来，一个秋字都没有说，却把秋天承上启下的作用无声无息地嫁接进来，所描绘的景色轻微淡远。深秋的天气总是带着一股倔强的寒冷，悄无声息地就顺着衣领带走一些温暖，好像在为了下一个冬天的到来助威。

《诗经》中的“秋日凄凄，百卉具腓”，与作者在第二句诗中的表达有着异曲同工之妙。到了秋天，落叶纷纷，曾经纠缠在一起的树木在这个时候会变得泾渭分明，只想保留最后的一点温暖。第二句情与景交融，引人深思。后半部分不仅仅表达了对秋天的不舍，也是作者自身情绪的一种抒发。

诗的第三句虽然没有写一秋天的景色点，但是作者的悲叹却是把对秋天的留恋表现得淋漓尽致。秋天来了，田里的农作物成熟了，果实也成熟了。金秋的阳光温馨恬静，金秋的微风和煦温柔，金秋的蓝天白云飘逸。

这样的景色不仅仅是作者，我想所有人对这种景色都会恋恋不舍。作者在最后一句把黄昏和秋天联系起来，把这种秋天渐渐落幕时候的无奈给写了出来。就如同宋玉所言：“悲哉，秋之为气也！”

秋 雨

流光贪行色，
一雨过春秋。
又打梧桐树，
枯荣两悠悠。
春花晓发愿，
秋桂夜落愁。
明知是微雨，
从此怨兰舟。

【赏析】本诗第一句写匆匆流去的时光贪恋自己走过的景色，淅淅沥沥的朦胧秋雨，好像与春天的和风细雨相差不大。如果不是温度的差距，会让人恍恍惚惚地以为这雨会从春天一直下到秋天。

第三、第四句又写同样的梧桐树，好像淋着同样的细雨，但是春天的时候是生机勃勃，淋着秋雨的时候已经枝黄叶落，让人不禁感慨时光的流逝和岁月的无情。第五句和第六句，用拟人的手法写春天的花朵，在春雨的灌溉下都已经产生了要好好绽放的愿望，同样的雨，一场场落在桂树身上，却也让它为深深发愁，因为距离自己凋零的时候也不远了。第七句和第八句说桂树明明知道是同样的微雨，却从此对承载自己的土壤充满了怨怼。

第七、第八句作者观察得很有趣，明明都是同样的濛濛细雨，为什么落在不同事物上感受却是截然不同的？是因为细雨对它们有区别对待吗？并没有，只是因为环境的原因。那是什么样的环境造成它们这两种截然不同的结局？是承载哺育了它们的土壤吗？也不是！只是因为时间不对，天时不同，所以得到的结果也各不相同，并不是细雨对待它们区别。雨还是同样的雨，只是自己对待这件事情的态度不同。春生夏长、秋收冬藏，这本来就是自然界无法改变的规律，任何人都无法更改，作者在这首诗中还是鼓励我们不应该消极地对待事物，而是应该用积极的态度和乐观的心态，去迎接生活中的点点滴滴。应当多做春花，少当秋桂，多去拼搏进取，而不是遇事独自发愁。

秋 桐

穿叶秋风问不同，
绿处更比去年红。
休将片片尽吹去，
留得几片待霜浓。

【赏析】夏的画卷，是生机勃勃的，而秋的素描就多了几分内涵。那一抹有些厚重的色彩既是季节书写的美感，也是作者借助梧桐来映照内心强大成熟的写照。

秋天不同于夏季的炎热，不同于冬季的苦寒，和春天有着相同的闪光点，是一个播种希望的季节，在时间的轮转和岁月的变迁中成长。诗的第一句中，“不同”是一个疑问，微风轻轻地抚过叶尖，是想要看出这些桐树有什么不同吗？继而引出下一句的陈述和现象。“绿”和“红”形成反差，把秋天的凋零和伤感给体现了出来，“更”这个字暗示作者对于人生看得更透彻、更成熟了。

诗的第三句“尽”字把秋天落叶时候的景色给生动形象地描写出来，风轻轻地、温和地吹着树上那稀稀拉拉的叶子。经过风的挑逗，树叶一片、两片、三片地随风飘舞，最后把自己的营养回报给大地母亲。“休”字也比喻作者依然还想在这个有限的时间里，去创造属于自己的成果。接下来的最后一句更是把作者的心态表露无疑，“留”和“待”表明作者希望能有更多的时间和精力，去完成自己的梦想，这也是对外界的一种激励。现在越来越多的人在经历困难的时候，总是扛不住压力最后纷纷失败。而作者这种坚韧的精神和顽强拼搏的勇气，是值得我们学习的榜样。

有一首诗可以很好展现作者的风采：“自古逢秋悲寂寥，我言秋日胜春朝。晴空一鹤排云上，便引诗情到碧霄。”

秋红

青山有色红不求，
闲落秋水看云流。
今日不是凋零去，
明年怎好上枝头。

【赏析】本诗的第一句描写远景。远远的青山上面有一片稀疏的红色，让人一看还以为是几丛山花，其实细看就能发现原来是一片枫树。

诗的第二句，作者闲着坐在旁边的溪水边，用“秋水”点出季节，也让人读的时候微微感到一丝秋意，然后看看天上的云卷云舒。这是多么惬意的事情啊。

诗的第三句由远及近，“凋零去”，那是什么东西凋零呢？肯定是自己身边的一些花草树木，远近切换流畅。让读者跟着作者的视角一起去看远处的青山，还有天边的白云，再看到自己身旁已经凋零的花草树木。最后一句凸显了作者豁达乐观的心态。今日虽然凋零，但是也在为明年更好地绽放做出努力与铺垫，今年的努力和成果在展示之后，又重新回归泥土里，继续为明年开放做准备和积蓄，并用了反问的方式，表现出如果不是为了自己来年的绽放，恐怕自己也会不好意思，今朝就这样凋零落下。

前两句都是对于景物的描写，后两句是景物带来的感触和深思。花草树木春天开花，夏天成长，秋天收获，冬天凋零，一年又一年，一季又一季。

寒来暑往，四季更替，天道轮回就是如此，谁也无法改变。只能在正确的时间里做好该做的事情，以后才能更好。写秋的诗大多都是萧瑟伤感的，但是作者反其道而行之。从诗能读出作者豁达向上的精神，值得我们学习。

醉花阴·秋桂

雨微风细，
夜有花如絮。
穿庭落院，
不介东篱，
何必，
秋到深处总相宜。
一树轻语，
香彻满十里。
向晚痕迹，
任意点滴，
何期，
明年今日浣花西。

【赏析】该词的前半阙描写出一幅秋风细雨图，牛毛细雨，再加些细风，吹得芦絮随风飘荡。这些芦絮随风穿庭落院，也不仅仅是落在东篱那边，而是已经落满庭院，又何必介意呢？让秋的气息来到庭院深处，不也是很有意思的一件事情吗？从“微”“细”“絮”都能体会到作者的观察细致入微和文字功夫的娴熟。

“穿庭落院”“不介”用拟人化的手法将这些不请自来的“客人”描绘得栩栩如生。最后两句体现出作者豁达的心态，并没有因为这些客人的意外到来而感到生气，反而觉得多了一点秋的意境。作者很善于发现生活中常人所无法看到的美好。

词的后半阙没有写桂花，但是能在十月金秋，还能香彻满十里的，让人想到的也只有是桂花了。风吹起桂花树发出的沙沙声，让人听起来像是有人在窃窃私语。香彻满十里也形象地写出了桂花开花的时候，散发出来甜美的香味。未见其树，先闻其香，再加上前面对于微风细雨的描写，让人联想到一地金黄的碎花，铺满整个院子。随着时间的推移，这地上的点点滴滴都会被时间带走，让人再也无法闻到熟悉的香味，看到熟悉的景色。

词的最后，作者安慰我们不用担心美好事物会消逝，明年的今日，我们又能重新看到这些景色。

愁倚阑令・秋歌

浮生谁恨欢愉多，
犹在秋池看秋波，
秋烟秋雨秋红处，
堪听，
风起樯橹尽渔歌。
来时谁人年方少，
休说，
咫尺天涯空奈何。
若笑镜中染白雪，
只道，
那年青葱已消磨。

【赏析】这首词可以说把作者少年时到现在的一切，在短短的词中体现得淋漓尽致，这也是作者对年轻的怀念和回忆。第一句中的“恨”字，是对自身的警醒，人生在世谁不希望更潇洒更快乐？正所谓“醒掌天下权，醉卧美人膝”，这可以说是每个人都想达到的境界。

词的第二句中“犹”字，更是对沉沦其中而不自得的状态进行描述，这也是世人处世的一个迷局。古人有言：当局者迷旁观者清。而在这个繁华的红尘里，如何才能不迷失自己？可以听听作者的看法。从第五句的“尽”中可以看得出来作者也是历经坎坷见过风雨才有所成就，而哪一个人在归途中还会是年轻人？每个人身上都承担着一份重重的责任。古人王宝池曾说：“自古雄才多磨难，从来纨绔少伟男。”在第八句、第九句中，作者感叹时间过得太快。“空奈何”说明历经万千，终于还是渐渐地接受了时间的流逝。陶渊明的《杂诗》中曾说：“盛年不重来，一日难再晨。及时当勉励，岁月不待人。” 第九句“若笑”，把作者的状态给清晰地表现了出来。

最后的结尾可以说是作者对青春的怀念，也是对曾经过往的眷恋。总是有人觉得自己还年轻，可是时间却把曾经的单纯和美好都留在了从前。这首词不仅是作者自身的写照，更是上了一定年纪的人的一种理解。

秋 禅

白鹭声声慢，

梧桐叶叶寒。

天高送秋燕，

春时才呢喃。

红梅香未放，

黄桷夜吐兰。

风起丝丝悟，

花落朵朵禅。

不必说来去，

万物本循环。

【赏析】诗的前两句写景，秋天微凉，景物凄惨，白鹭的叫声因为天气慢慢变冷，而让人心里感觉它越叫越慢。梧桐树叶也因为天气慢慢变冷，早上都带了点白霜，因天气的原因，天看起来也更加高了一点。辽阔的天际送着几只迁徙的候鸟，要等到春天的时候它才能回来。

梅花还没到开放的时节，但是枯萎的枝干好像都能让人闻到淡淡的花香。清爽的秋风总是能让人心里升起一丝丝明悟，花一朵朵落下的时候又似带着禅意。也不用去追究从何处来，到何处去，因为万事万物总是循环往复的。

这首诗前面用寥寥几字就将秋风飒爽、秋高风清的景象描绘出来。大多数描写秋天的诗，总是不免来用伤春悲秋的常用手法，但是这里作者没有。他先是用细致的景物观察，再通过娴熟的文字功底，将景色栩栩如生地展现在我们面前。一般人面对这般萧杀凄凉的景象可能会感叹世事多坚，但是作者通过后面对自己想法的描写，将自己豁达乐观向上的生活态度表述于纸上，甚至还带了一点佛家的禅意。因为一切都是一个循环，有春光之烂漫，必有秋风之萧瑟。这是一个轮回、一个循环，不能去埋怨环境。要学会看透背后的哲理，也要期待来年春暖花开的美好时光。

夕阳

今夕照与谁人同，
秋花瘦处晓露浓。
送得三春千般色，
不欠黄昏一抹红。

【赏析】这首《夕阳》诗，更确切地说，所咏的应是夕照。这个照，既是夕阳之所照，也可以认为是在夕阳斜照时拍下的照片。

此说依据何在？“今夕照与谁人同”，不就是说“照”吗？这是一张黄昏夕照图，也是一首晚岁青春歌。先说黄昏夕照图，夕阳斜照时，会呈现出一幅奇异美艳的图景。图景的奇异之处，就在于“晓露浓”。

明明是夕照，时已黄昏，何来的“晓露浓”呀？这岂不是自相矛盾吗？此番描述，乃不合常情也！其实，这个“晓露浓”，并不是真的有晓露在，而且还依然浓郁深厚。这是个比喻。这个比喻用的是诗词典故。欧阳修有一首《芙蓉花》：“红芳晓露浓，绿树秋风冷。共喜巧回春，不妨闲弄影。”这个典故用在这里，是说，秋花瘦处，尽管所见是秋花，并且消瘦了，却呈现出一派红芳晓露浓的景象。为什么会这样？因为“共喜巧回春”。它巧妙地回春了。秋花回春，自然是景象奇异，非同一般。正因如此，这秋花看上去好像被赋予了三春艳丽繁华的青春浪漫之色，而又不失其固有的黄昏时分的那抹夕阳朗照的红艳成熟之美。“送得三春千般色，不欠黄昏一抹红。”

多么令人激赏的秋花夕照图啊！表面上是写秋花夕照，实际则是写人，写人的晚年岁月仍像一首青春之歌。所以开头一句就问这秋花夕照“与谁人同”，而不是问与什么样的景物景色相同，显露出诗韵意味是要表现人，表现人的心灵世界和精神面貌，展现晚岁之人的乐观亮美情怀和青春永驻的风采，表现“但得夕阳无限好，何须惆怅近黄昏”的乐美意蕴。真是写法妙趣，韵味悠长，令人读之回味不已。

丑奴儿·重阳

重阳乡思乡何处，
离人路迢，
断雁声遥，
愁烟袅袅淡阑桥。
他乡也有人如故，
残月云梢，
暂莫登高，
秋风蓉城待雨潇。

【赏析】重阳节，农历九月初九，民间在这一天有登高的风俗，所以又称 “登高节”。由于“九九”谐音“久久”，有长久之意，所以民间常在此日祭祖。作者在此诗中亦是在此时机表达了浓浓的思乡之情。

从词的第一句中的“思”字可以看得出来作者非常地思念自己的家乡，牵挂着家里的人。那个曾经生养哺育他的地方现在变成了何种的模样？家里的亲人是不是也在今天翘首以盼地等待着自己归来？

第二句中的“迢”和第三句中的“遥”字说明现在作者远离家乡，归途漫长，就像那天上的大雁在一声声鸣啼中朝着目的地进发，而这却是漫漫长途。后半部分的诗词更是把作者的情绪描绘到了极致。夜晚凉风习习，就连天上的月亮也只是露出了月牙，月下的云雾显得有些厚重。独自走在江边，望着远处的桥，情不自禁地想起了家人的样子。那一草一木，一人一物，在心里渐渐地越来越清晰，想念的念头也越来越浓重，眼眸悄悄地泛起水雾，远处的景色也变得模糊起来。

远处的家乡是否也有亲朋好友与我一样，也在期盼着能够一起登高？初秋的蓉城似乎也在等待着一场大雨来洗刷曾经的旧尘，而作者也在等待着下一次的相聚团圆。待到登高日，再聚笑欢颜。就好像王维所说的：“独在异乡为异客，每逢佳节倍思亲。”此时作者的心情也是如此。

立 秋

雁叫空篱后，
人看流芳飞。
今宵若无月，
因雨黄昏微。
此前红几度，
几度落红催。
万物各有时，
本来无欢悲。

【赏析】这首诗的第一句描写的景物生动形象，让人不得不感慨作者的文字功力之深厚！短短几个字就将因为天气变冷而变得空落落的院子刻画出来，还有天上南飞的大雁也直接展现在读者的眼前。耳边仿佛和作者一起听到大雁一声一声地叫着，站在花前的行人也在慢慢地看着花儿一朵朵地飞逝，禁不住感慨下时光飞逝，仿佛这花昨天才在记忆里面盛开。“飞”字明面上写花凋谢的速度有点快，实际上是写时光流逝的速度快。今晚如果没有月亮，就是因为黄昏时下过阵阵细雨的原因。

“红几度”写的是花儿已经开过很多季度，但是每个季度都会凋零，这首诗的最后作者写出了自己的感悟，万事万物都是有自己运行流转的一套规则，就像花儿在春天绽放，而在深秋凋零，大雁秋去春来，太阳每天的升起和落下，这是亘古不变的天地法则，没有人能够改变。最后一句写出作者为人处世的豁达态度，那又为什么要因为这已经流传了千千万万年的规则而让自己的情绪变得波动呢？

海纳百川，有容乃大，壁立千仞，无欲则刚。一个人的快乐也不是因为他拥有的东西数量多，而是他自己在内心计较的事情少。所以这最后一句更加凸显了作者心胸的广阔和为人处世的豁达！

卷珠帘·秋深

满目落花谁独漏，
隔雨桂花瘦，
繁华过尽，
却是雁来时候。
又江秋，
锁眉头，
淡漠轻寒夜入楼。
空阶前，
疏雨后，
梧桐微雨青衫透。
年年桂下数桂子，
只有灯如昼。

【赏析】本词前几句对于景物形象的描写好像直接在读者面前勾勒出一幅栩栩如生的画。秋天到了深处，映入眼帘的到处都是落在地上的花，唯独有一种花没有出现，恍然大悟之后才知道原来是在雨中的桂花。当所有繁花都凋谢的时候，正好又是大雁南归之时。从这里开始，景物的描写就结束了，作者借着前期景物的氛围铺垫，开始对于人物的描写。

“又江秋”，又是一年的秋天到了，他（她）紧紧锁着眉头，伴着慢慢变得寒冷的天气回到楼里去了，可能是这些压抑的景色勾起来了心中某些难忘的回忆吧。空荡荡的台阶前面，刚下过一阵稀疏的细雨。“空”“疏”两个字将秋天那种淡淡的哀伤直观地勾勒出来，梧桐树下还有一位被雨打湿了衣服的行人。简简单单的三句话，直接在读者脑海里留下那位来不及避雨的行人，仿佛被人直接拿着刀子刻进脑海，清冷的感觉也慢慢地加重！每年桂树下面都有人在数着落下的桂花，只有旁边那一盏灯好像一直亮在那边！最后一句之前所有的情绪铺垫都在这最后的句子中达到高潮！将秋天的清冷描写得入木三分。

秋 香

秋里一茶饮秋香，

篱外双燕戏篱墙。

此时无诗自诗意，

别向桂花费诗行。

【赏析】这首诗的字里行间都表露出一种心旷神怡。悠然自得的感觉，没有秋天的悲伤与落寞，也没有任何心绪的散发，全篇给人的感觉就是悠然恬静，非常的美好。

第一句中的“饮”字表明作者在喝茶，为何不是茶香而是秋香呢？这说明现在正是秋天渐入佳境的时候，秋高气爽，湛蓝的天空一尘不染。雪白的云朵好像装饰物一般点缀在天上，风也显得格外温柔。春华秋实，所有的希望和绚烂都在这个时候毫不犹豫地展现出来。抬头望去，篱笆墙外有两只小燕子正旁若无人地玩耍，丝毫不知道它所有的顽皮和任性都被人看在了眼里，这个秋天仿佛因为这两只小燕子变得更加的生动活泼。远处的桂花树也正开得欢，虽然它的花朵很小，被宽大的树叶遮住了很多，但是抵不住满树的芬芳，就像是为了更好地凸显这来之不易的花朵。

绿叶本就是花的陪衬，花开后一丝丝一缕缕的香气弥漫了周围整个空间，那浓郁的幽香让人忍不住地吸着鼻子，总想把这独特的香味藏在心里，所谓“一味恼人袭人心怀，沁人肺腑，使人久闻不厌”。所以，这就是作者第一句听说的“秋香”。作者看着这一幕，非常想写首诗来把桂花给显现出来。但是突然福灵心至，觉得现在的景色已经是大自然秋天作出的绝佳作品。秋天的意境是无法用语言来形容、无法用画去描绘的，只能用心去感受、去体会。

秋 意

山高水远，
秋风不寄，
怅望潇江，
谁起扬帆意。
长亭故道，
浣花溪里，
冷露时节，
落木犹未已。
寒蝉无多，
断雁无几，
探问来鸿，
也有去意起。

【赏析】秋天总是悄无声息地飘然而至，但又每每不辞而别，还没来得及去欣赏它的色彩缤纷，却看到了因它的离去带来的万般寂寥。就像是亲朋好友的短暂相聚，还没有细细品味，却因为种种原因走得匆匆。作者在本词中也是露出了浓浓的不舍之情。

这也是作者为离去的好友送别，别离之时满怀着作者的拳拳珍重。第一句和第二句中表明此去路途遥远，望着远处的高山和随波逐流的江水，就连秋天的风也显得那么的无力。第三句和第四句表明好友已经准备踏上远去的行程，将会扬帆起航，而作者则是目送着好友离去。

第五句和第六句则是把送别的地点写明，长亭送别可以说是非常地深入人心。“长亭外，古道边，芳草碧连天。”多少文人墨客惜别之时在长亭送别。浣花溪水缓缓地流动，岸边的青草也是凝露满身，曾经郁郁葱葱、枝繁叶茂的大树也落下难以言说的无奈。偶尔能听到几声断断续续的鸣叫，显得是那么的不协调，仔细聆听却是曾经响闹无比的蝉。天上飞鸣的大雁在天空中盘旋着，为什么会在这个时候争相地向着远方飞去？原来也是到了迁徙之时，他们要重新飞向远方。

本诗通篇都在抒发作者的别离之情，就如这秋天一般带着一抹伤感。

临江仙·秋 遇

月长空，

水归鸿，

若曾识，

便邀翩来醉菊丛。

更疏风，

动芙蓉，

无留红，

全谢水中花，

半落是梧桐。

秋相遇，

问西东，

不期逢，

一饮秋尽，

毕竟淡月坠江浓。

【赏析】季节流转，留下不同的风采和感怀。一念花开，一念花落，在秋风中，留下一地阑珊。作者在本词中写出秋的况味，感受着秋意绵长。

作者为秋天作了一首静美且婉转的词，但是从词里仿佛看到了一幅画。画中是什么景象呢？随着词的展开，这幅画也在慢慢地呈现：深邃的夜空中，高高地悬挂这一轮皎洁的明月，洒下清冷幽静的光芒，照亮了一片天地。

平静的水面有几只鸿雁在嬉戏，好像想把水里的明月打捞上来一般。鲜艳美丽的蝴蝶也流连在菊花丛中，不知道该在这些娇俏的“花姑娘”中选择哪一朵栖息。一阵和煦的微风吹来，拨动了芙蓉的心，随着风的律动在摇曳，把属于这个季节的艳丽表现得绚丽多彩。风过后，那精彩的表演在落幕，那波澜不惊的水面却把这一切都记录下来，好似保留了最美的秋天。而那高大挺拔、枝繁叶茂的梧桐树却是落下片片残叶，为这一刻平添了一些伤感。后半部分则是作者在抒发自己的心绪，从“不期逢”中可以看得出作者是在期待着什么，在某个时刻有不期而遇的一天，询问着近况，了解着这么长时间的空白到底发生了什么。

和好友围坐在一起喝着久别重逢的美酒，感叹着时光流逝，就好像天上的月亮显得那么得遥远，而在水中却觉得距离更近。

知秋

昨日花羞谁经意，

今日忍看乱红凋。

知秋只黄一片叶，

一叶却落两鬓萧。

鸿雁披月去南岸，

烟柳兼雨向西郊。

试问故人可安在，

草堂隔窗怕轻敲。

【赏析】这首诗表达了作者对于故人的思念，且借用了秋天的景色，以景代情，抒发作者的拳拳真意。时间在匆匆地流逝，人也在不经意间才觉得好像错过了什么。就像那路边的花朵，在短暂的开花绽放期，用尽全力把自己最美的时刻毫无保留地展现出来。但是却没有人在意，也没有人为它停留。今天再看，却只能看到孤零零的枝叶在随风摆动，那艳丽的色彩都慢慢地凋零了。

树上的叶子慢慢地枯萎，慢慢地走向生命的终点，变得越发深邃，最终也只能无奈地飘落。虽然可能只有一片片的叶子在飘落，可剩下的却只有光秃秃无力的枝椏，显得那么的憔悴与落寞。秋天渐渐变得寒冷，就连大雁也似乎忍受不了这萧瑟的景象，成群结队地朝着南边飞去，去寻找更适合的地方。西边有微微小雨在天空中漫无目的地飘洒，带着一阵薄雾随着柳枝在飘摇。

这时令人想起曾经的故人，想起曾经在一起所经历的岁月，觉得分外地怀念，于是向着故人的居所而去。但是到了故人所住之处，大门紧闭，既希望能有人开门欢迎自己，但更怕的是无人回应，自己所思所念会是一场空欢喜，徘徊着不敢敲门问询。作者在最后所作的感叹何尝不是一种社会现实的呈现？多少故人悄无声，回首难见曾经颜。

望江楼

经济系导师周春教授离世，
江楼依旧，人去如斯。
秋色念远浣花后，
春风把酒望江前。
恰是当时月正好，
谁人初来不少年！

【赏析】这是一首怀念诗。诗中隐含许多典故，借以表达怀念之情。

“秋色念远”，有着“古道西风瘦马，夕阳西下，断肠人在天涯”的伤情。诗人为何如此伤情？想到杜甫草堂浣花溪。杜甫是一位忧国忧民的伟大诗人。在他之后，有着不少这样的文化名人。

经济系导师周春教授，就是其中的一位。但他已然离世。诗句开头，就表达对逝者的深深哀悼之情，并对逝者给以极高的评价。“春风把酒望江前”，这里的“春风”暗含周春教授的名字，也蕴含聆听周春教授讲学如坐春风之意。如今春风把酒，自然会回忆起周春教授在世时的诸多美好。这里的把酒，特别设置在“望江前”。

望江，就是望江楼。晚唐词人温庭筠有一首非常有名的《望江南》：“梳洗罢，独倚望江楼。过尽千帆皆不是，斜晖脉脉水悠悠。肠断白蘋洲。”词中写一位思妇盼望远行的丈夫回归，却久望未归，望断肝肠。此处借此表达对逝者的深深怀念。“恰是当时月正好”，转到对当年老师年轻时的美好回忆。“月正好”隐含李煜“花月正春风”的词意。那是形容春天鲜花怒放、春夜月光明朗、春风微拂的情景，描绘的是春光的明媚，表现的则是周教授当年青春焕发、意气风发的美好境况。“谁人初来不少年”，强调周春教授也是从青春起步一路走来，留下了一段璀璨的人生。可如今，教授何在？当年的那个青春亮彩的周春去哪儿啦？江楼依旧，人去如斯。深情的回忆，表达了无限的思念与怀悼之情。全诗无一怀念字词，却深含怀念追悼之意，深得唐人诗意婉曲深情之妙。

秋 分

正念秋色深，

秋色已平分。

云淡天际远，

风轻不及春。

月上丹桂树，

探香花袭人。

不知谁才去，

树下有余温。

【赏析】文贵创新，诗珍奇绝。这首《秋分》，奇思多现：古人写秋，要么萧瑟凄凉寄悲意，要么意境新翻显豪情。语虽各有别致，然不免雕琢之痕。

此诗回归天然，语出本真。“云淡天际远，风轻不及春。”既写出了秋分时节天高气爽的特有景象，创造了高远的诗境，表现出了宽广的胸怀，也真实地显示了秋意寒凉不及春风轻暖的本然感受。“月上丹桂树，探香花袭人。”则蕴含得更多，意趣盎然。秋月初上，丹桂飘香，诗人要去月夜探香。而探香之意，恐不在花，如花美人，才最为沁人心脾。《红楼梦》里贾宝玉给贴身丫鬟取名“花袭人”，便含有此幽趣雅韵。花袭人，既有“花气袭人知骤暖，鹊声穿树喜新晴”的春意美好，也有“独有南山桂花发，飞来飞去袭人裾”的秋韵悠然。诗意咏秋，当取秋韵，而秋韵不及春意好。这双重蕴含与上句秋风不及春情暖的本然感，便有了脉络上的呼应。

尽管秋风不及春情暖，明月丹桂之美也不可错过，于是便有月夜探香之行。此意颇有王维“随意春芳歇，王孙自可留”的悠然喜乐之雅韵。“月上丹桂树”，令人联想到“月上柳梢头，人约黄昏后”。诗人要去会心上人吧。可是，“不知谁才去，树下有余温”，本已吊起了我们极大的好奇心，让我们满心期待，结果却给我们一个意外：诗人探香，没有惊艳故事，也没有怀旧不遇的哀伤。古人写月上树梢，表达物是人非、旧人不见的伤痛无奈，此诗则表达探香赏美喜有同道的快意怡然。不知何人才刚刚离去，他和我一样月夜探香，享受这寻常的月明丹桂境幽香清之美。无须叹息“当时只道是寻常”，眼前的平淡之美也入心。须知，平平淡淡才是真啊！而今疫情席卷尚未消散，没有故事才是真正的平安吉祥。众生都在享受这月下桂香般的安宁美好，余温也一样给人带来款款暖意，令人感受到虽孤独却不寂寞的别样意境和不求美艳喧闹、乐享寻常淡然之美的悠然豁达情怀。

无 题

一衫何堪满路尘，
夜深欲敲半掩门。
禅房无需问倦客，
同是檐下听雨人。

【赏析】这首《无题》诗，似乎蕴含有一个令人刻骨铭心的故事。一位旅人风尘仆仆赶路，急匆匆之中，错过了路途的旅店，走进了一处渺无人烟的深山大谷之中。夜幕降临，天上又下起了淅淅沥沥的夜雨。在这前不着村后不着店的困境中，旅人不知如何是好。

上天不会绝人之路吧。旅人只好硬着头皮继续赶路。正行走间，忽见深山之中，露出来一豆大灯光。旅人大喜，疾步向前，原来这是一座寺院。院门半掩，似乎等待着旅人的到来。时已夜深，旅人欲上前敲门，里面传来禅师的询问之声：“请问您是哪位？从何而来？”旅人答道：“行客倦矣。大师无需细问。您曾四处化缘布道，我则一路风尘满身。我们虽然不曾相识，但都是檐下听雨人。”

大师见说，急忙请进。于是旅人记下了这段刻骨铭心的经历，化作《无题》传布人间。这首诗的要义是什么？似乎此中有深意，欲辨已忘言，故以《无题》而名之。或云，诗中含有“同是天涯沦落人，相逢何必曾相识”的惺惺相惜，有“日暮苍山远，天寒白屋贫。柴门闻犬吠，风雪夜归人”的温暖如归之境遇。但是，这里虽然也有天涯沦落之意，而更多的却是同在檐下听雨；确有温暖如归的人生境况，但更有不需问的心灵相通。

同气相求，同声相合，都是不避风尘，不惧跋涉，不畏艰险，不顾疲累，一心求禅问道者。虽然不曾相识，却是志同道合。相遇即是有缘，英雄莫问出处。人生因此而获得偶遇即相知如故、路行则夜归如家的别样欣慰温暖。

秋

无眠长夜四五更，
一窗一影一寒灯。
雨微两点花上露，
叶疏三缕林下风。
春燕春笛俱空尽，
秋月何必共秋声。
但若花有重开日，
芙蓉别落芙蓉城。

【赏析】这首名叫《秋》的诗，不如说是愁绪诗。自古逢秋悲寂寥，秋在心里即是愁。诗歌开篇即言“无眠长夜四五更”，一夜愁苦，难以入眠。

“一窗一影一寒灯”，接连用三个“一”字，表现了极度寂寞孤独悲凉的心绪。诗歌结尾说：“但若花有重开日，芙蓉别落芙蓉城。”为何芙蓉若重开，别落芙蓉城？想来这芙蓉城当是伤心城。芙蓉城又名锦城、锦官城。李白曾有言：“锦城虽云乐，不如早还家。”因为这里处境险恶，危机四伏，不是久留之地。杜甫也叹“锦官城外柏森森”。这里虽有武侯祠，但武侯“出师未捷身先死，长使英雄泪满襟”，杜甫也是壮志难酬，郁郁寄身在这锦城花溪之草堂。这里是英雄的伤心处。

中唐薛涛的《送卢员外》有云：“玉垒山前风雪夜，锦官城外别离魂。”这也是伤心之词。宋代刘辰翁《忆江南》更云：“正喜锦官城烂漫，忽惊花鸟使摧颓。”悲情之中更带愤怒。我们懂得了，为何“但若花有重开日，芙蓉别落芙蓉城”。这芙蓉城真是不可久留之地，令人伤情不尽。

再看《秋》诗的中间两联，感受眼下的芙蓉城：“雨微两点花上露，叶疏三缕林下风。”花上虽有露，但只是微雨两点，少得可怜。芙蓉若再次花开，在此得不到滋润啊！林下风也只有两三缕，风过处，唯见枝叶稀疏，满眼萧瑟。这芙蓉城景况荒凉，生态严峻。

且“春燕春笛俱空尽”，更显得悲凉。因此诗人感叹道：“秋月何必共秋声。”这些意境，与处境险恶危机四伏不可留，英雄长叹壮志难酬泪满襟的境况融为一体，显示出了不一般的悲情愁绪。往者不可追，来日可期否？为何有着芙蓉、锦城美称的成都这般令人愁苦伤心？这是发古之幽情，还是忧今之困顿？我们不得而知，只有问诗人自己去好了。

按：结尾句“芙蓉别落芙蓉城”中的“别”字可作两解，一是“不要”；二是“特别，非同一般”，“映日荷花别样红”中的“别”字是也。若按第二个意思理解，此诗则是表现人在异地他乡，时正逢秋，格外感到孤独愁苦，特别思念家乡芙蓉城，因而希望花有重开日，芙蓉国里的芙蓉，要特地开在芙蓉城啊！那里才是我孤独漂泊灵魂的依归。

这样，诗意就是另一番韵味。芙蓉国是湖南的代称，典出唐代大诗人谭用之《秋宿湘江遇雨》。

这首诗描绘了秋天湘江夜雨的景色，写诗人身在他乡，遇雨受阻，夜泊湘江之中，表现了作者的羁旅乡愁。或许《秋》诗作者也是处于这样的情境中，因而生发出对家乡芙蓉城的别样思念？《秋》诗表达的到底是怨愤，还是思念？这也只有去问诗人自己啦。

晚秋

枝头从前月，

今夜落花浓。

又逢桂花东，

西窗照不同。

秋霜上楼阁，

春色褪林丛。

盈缺枝空处，

不可问花红。

【赏析】这首诗可以说把秋天的绚丽多姿和凋零衰败淋漓尽致地呈现在读者眼前，明明是两个极端的呈现，但是作者却以诗作画，把两种不同的风采完美地融合到一起，从而让人欣赏到了秋天最美的景色。

那么，这幅画卷铺展开是什么样的景象呢？作者给出了回应：祥和宁静的夜晚，天空一片漆黑，让人感到很神秘。上面挂着一轮玉盘，就这么静静地洒下柔和的光芒。从东边的窗口望去，那丰满的桂花树伸出它的枝丫随风微动。树枝上挂满了金黄色的花瓣，而花香随风的律动在舞动。今夜的花格外的香，颜色也格外的浓，它要把所有的风采在今夜展现出来。

然而，秋天真的这么美好吗？并不都是这样。作者在第四句写了不一样的景象，有什么不一样呢？从西边的窗口看到，随着气温的转变，寒气逼人，窗外的屋檐上因寒冷凝结的冰霜，在月下变幻着色彩，若隐若现地闪烁着，像是银白色的锦缎。远处的丛林也都变得枯黄，露出枯瘦的枝头。树梢上还剩下被风留下的两三片或三四片的叶子。那稀稀拉拉的叶子干得像旱烟叶一样，再也没有春天时的生机和清新那显得单调孤寂，曾经也是枝繁茂密。不要问为什么这里的花儿不见了，因为它回归到大地母亲的怀抱里，变作泥土等待着新的生命在下一个时节焕发光彩。

作者在此诗中把生命的传承和轮回的变迁体现了出来，这也是作者对于生命和自然的感悟。

梅前

梅上篱阑月上楼，

教人如何不回头。

转身莫就梅花近，

只因梅前更生愁。

【赏析】梅花是“岁寒三友”之一，有人说“梅香而送暖”，当梅花开时，说明春天即将来临了。古往今来非常多的诗人都在赞美梅花的美和精神，但是作者却别出心裁地从另一个角度来描写了梅花别样的风采。

诗的第一句就把一个唯美的场景铺展开来，可以从这句诗中想象得到是一个静谧深邃的夜晚。抬头望着天空，镶嵌在这块巨大幕布上的是一颗颗璀璨亮丽的星星。在这幅宏大的画卷之中，一轮圆月升起来了，像一盏明灯，高悬其中，洒下一片晶莹。而在这月下，墙角的梅花也伸出她的手去迎接这柔和的光辉，傲然地在严冬中绽放。远处一点点的鲜红娇艳似火，顶着狂怒的寒风慢慢地开放。

自然而然地引出了下一句，这么挺拔的身躯，这么坚毅的精神，让人怎么能不回头品味？作者在这里也是深受感动，后两句可以说是作者自身情感的一种表达。

诗的第三句中的“莫”字是说这么美的时刻为什么不能靠近呢？其实在第一句就有隐喻，“篱”表示这是在自己的院内，梅花是在寒冬腊月时才会开放的，这个时候应该和家人团聚一起，欢聚一堂，一起分享这一分快乐。这么美的时刻为什么会更愁呢？可想而知这是因为作者在这种情境下却没有可以分享的人，这是作者对家的眷恋，也是作者坚韧强大的内心驱动。

这也是作者对外界的传递，只有失去过美好才会心生忧愁。珍惜当下，才能闻香存暖。

梅初

渐霜落冷一枝疏，
几朵寒蕊结香珠。
草堂春去无风物，
浣花冬来有梅初。

【赏析】数九寒天，寒风来袭。它寂寞地吹着，不如春风凉爽，不如秋风萧瑟，只带来无尽的寒冷与寂寞。作者却在这个时候注意到了这个冬天最艳丽的主角，这敏锐的洞察力把这个冬天带着光环的主角呈现在我们的面前。

诗的第一句中“疏”字就把梅花的气节给表现出来。“秋风过，露渐浓”，在众花凋零时，只有它不畏严寒地站出来给这个世界添一抹亮丽的色彩。

诗的第二句“几朵”在细节上把这种美给描绘了出来。在寒风中，微微颤动的花枝，好似冬天的脉搏在跳动，冬天的生机在散发。最引人注意的还是那娇艳的花苞，好像落落大方的姑娘在枝头争艳。有的像个害羞的姑娘，只是张开一点小脸，悄悄地感受这风的凛冽；有的却在呼呼大睡，把自己抱得紧紧的，但怎么也拦不住淡淡的幽香。估计也只有大自然才能孕育出这么精致、小巧玲珑的作品了。

后两句可以说是对古人的致敬，也是一种借古承今的文化传承。曾有著名诗人杜甫在这里做过不少诗篇，著名的《浣花溪》就是在这里。这个地方曾有杜甫居住过的草堂。“春去”二字表示春天过去以后基本没有什么特别的风景，所谓“宝剑锋从磨砺出，梅花香自苦寒来”。

浣花到了冬天可以欣赏到梅花绽放的美景，而这也是作者的一种鼓励。只有像梅花一样不服输，坚持下去，才能在合适的时机展现出自己的价值。

梅 香

剪剪雪中梅，

插案同雪归。

贪折香太甚，

宁要一枝微。

【赏析】梅花是中国著名的花，它的花开在冬天，越是寒冷花开得越精神。这首诗在描写花香，倒不如说是在凸显作者自身谦逊的傲骨。

诗的第一句中，“剪剪”二字把树上千姿百态的梅花竞相开放的样子展现了出来。白色一直都是冬天的代表色，但是梅花却以另一种鲜艳的色彩矗立在这个环境中。正是因为作者对梅花的喜爱，由此引出了下一句。“插案同雪归”，简单地看，就是作者情不自禁地折下了一枝梅花带回了家中，摆在了案几上。但真的这么简单吗？

后半部分的“同”字可以看作是作者对梅花的一种认同，因为梅花只有开在冬天、在寒雪中才凸显不同。“墙角数枝梅，凌寒独自开。”瑞雪纷飞、独领风骚是两种密不可分的状态。诗的第三句更是发人深省，这是作者对于人性的见解。贪、嗔、痴是佛教的三毒，是毒害出世善心的三种烦恼。对事物的喜好无休止地追求，带来的不仅仅是好的，也有可能是一种伤害。此句中的“甚”字更是作者的一种警示，水满则溢，月满则亏，这是千古不变的道理。

诗的最后一句是作者自身风骨的体现。“宁”字是作者的坚强勇毅，是作者顽强不屈的铮铮傲骨。要学会知足，知足而常乐，这也是作者谦逊精神的表现。整首诗不仅把梅花清幽淡雅的香给诠释出来，更是借物把这种精神传承了下来。

梅

逢春先落怎无因，
凛冬寒花自相亲。
岂止院后香不尽，
更有梅前望岁心。

【赏析】古来咏梅之诗可谓汗牛充栋，数不胜数。若想在前人基础上有所创新，实属不易。此咏梅诗博采众长而又别出心裁，写出了独有的韵味。

首联因果叙事，突出乐观情怀。李商隐《忆梅》有“寒梅最堪恨，常作去年花”，寒梅在春回大地时凋零了，这种遗憾化为了怨恨。

其怨恨的是只有悲伤的过去，失去了春天的美好。而本诗追溯梅花逢春落因，表明梅花以寒花之特质心甘情愿地与凛冬相亲，逢春之时便自然先落，没有丝毫怨恨。一个“亲”字，将梅花不畏严寒、笑对残酷的意志，进一步化为自动亲近、拥抱严寒的乐享情怀，其境界更上一层。“香不尽”是对梅花精神的热情赞许，但岂止香不尽？“更有梅前望岁心！”梅前，就是在梅花凋落之前。此前就已经有了“望岁心”。

这个望岁心，可谓梅花的初心。梅花之所以自甘亲寒，逢春而落，就是希望通过自己的亲寒耐苦，迎来万紫千红总是春的美好。这就将梅花精神作了拓展深掘。正如陈亮《梅花》诗所云：“一朵忽先变，百花皆后香。欲传春信息，不怕雪埋藏。”非但不怕，还要“自相亲”。一旦春归，梅便悄然落下。梅不争春，也不怨恨“常作去年花”，不沉浸在伤痛的过去，而是乐观地面向未来，深情地望春、报春、迎春，向世界传递春归的喜讯，将自甘艰苦迎来的芳春留给后来人。正如表现革命英烈精神的《红梅赞》所唱:“红梅花儿开，朵朵放光彩。昂首怒放花万朵，香飘云天外。唤醒百花齐开放，高歌欢庆新春来。”这首《梅》诗，可谓情贯古今，众意荟萃，表现了梅花自甘艰苦、奉献芳心、乐向未来的博大情怀。诗韵隽永，值得细细品味。

梅 开

梅开初灯后，
寒峭送江秋。
开窗青山远，
凭栏碧水幽。
谁欲扬帆去，
影徊不解舟。
缘听春消息，
重上梅枝头。

【赏析】梅花开在黄昏的时候，寒冷的天气已经将江上的秋景送走了。

“送”字将料峭的寒风都写得别有一番风情！推开窗户，看到远处的青山，倚靠栏杆看着外面的幽幽水潭，这句对窗外的远景，还有身边的近景描写得比较细腻。“青”“幽”都能让人直接代入作者的视角中，和作者一起欣赏美好的风景！江边有人欲扬帆远去，但是却在岸边徘徊，都不解开系住舟的绳子。

这里“欲”“影徊”成功地勾起读者的好奇心，让人一直想要了解这人都走到船边上了为什么不直接出发。第四句作者直接将原因写出来了，也解开了读者的疑惑：原来是有人告诉他梅花枝头已经开花了，春天已经不远了！

整首诗通篇对于近景远景的描写都比较细腻，并且对于气候的描写也比较生动，让人对原本应该讨厌的料峭寒风生不起讨厌的感觉，让人不禁感慨诗人的文字表达功力，还有对远景近景的把握让人身临其境。对于人物的刻画，诗人也写得比较立体，“影徊”直接将一个在岸边徘徊不定的人刻画得入木三分。一个都快要扬帆起航的人听到梅花的消息都要将即将的远行放下，由此可见诗人的内心是有多么地热爱生活！

如梦令·梅红

梅红开遍，

次第苞舒蕾卷，

可无所有，

欲折一枝人已远。

叹红浅，

落春前，

事渐浓，

恍如烟，

唤春风，

却是春风无情剪。

无开无落，

朱颜半掩，

若数红落落几番，

几番华年。

【赏析】这首词通篇都在描写梅花，梅花盛开到凋落的一生，让作者发出韶华易逝、物是人非的感叹！诗的第一句写出梅花开遍的时候，想要摘花但是人却已经远去的无奈。

“叹红浅”“落春前”“事渐浓”“恍如烟”，作者使用排比的写法让情绪一层一层地递进。后面一句“却是春风无情剪”，让读者生出一种强烈的反差感！最后一句“若数红落落几番，几番华年”，在前面“朱颜半掩”的烘托下给人一种“无可奈何花落去”的感觉。

词的结尾的气氛更加具有感染力。岁月是无情的，生活也是残酷的，人的一生只能活一次，生命是最重要的。其实，可能只是拥有最平凡但温度恰好的家人，可以拥抱着所爱的人的缘分和对众生及地球的慈悲，才是人一生最宝贵的东西。爱虽然亲近但是遥远，青春在沉默中逝去，昨日的繁华和心酸都已经淹没在深海中。就像在细软的沙滩上走过去，回头再看发现留下来的脚印早已经被海水浸没，没有了痕迹。

青春易逝，红颜易老。读完作者的诗，不禁让人深深地感慨“最是人间留不住，朱颜辞镜花辞树”。时间对所有人都是公平的，但有时候这种公平却也能让人为之发出最深的叹息！人间最美好的事物总是短暂的，仿佛随时随地都能消逝。但是我想，最美好的景物都已经留在人们的心灵最深处！

玉 兰

三月未来花未深，
玉兰输在早迎春。
若比桃李浓几许，
因开二月少一分。

【赏析】诗贵在立意，意高韵自永。这首《玉兰》诗，言简意长，蕴含不凡。潜藏时代之虑，深含民族之忧。王安石写过一篇有名的《伤仲永》，讲述一位天资聪颖的孩子，父亲带其四处表演显摆，不让静学，结果错失学机，长大后泯然众人。玉兰本是天生丽质，香气清远，却因早开，月少一分，结果不及桃李美艳，与“泯然众人”相比有过之而不及。时下不少幼童家长，焦虑其输在起跑线上，只顾面子，违背规律，拔苗助长，结果往往是欲速则不达，事与愿违，摧残了孩子的天性，早早凋谢了本该美艳的花朵。此况不是个别现象，而是内卷严重的普遍现象。此景不变，我中华之未来花朵难以盛放美艳也！愿我华夏千千万万天生丽质而香气清远的“玉兰”，不要“输在早迎春”上。成长有规律，育人应科学。诗意警策，耐人寻味。

二 月

人闲莫贪花满台，
只取一枝案头栽。
何必坐等春风到，
心静才闻芝兰来。

【赏析】唐诗重情偏感受，宋诗多含哲理意。《二月》一诗，则情理兼有，别具意趣。二月春盛，诗人喜爱花景之美艳，更乐享花香之怡人。但爱花不在多，无须繁花似锦，一枝足可以怡情。这花，是自然之花，也可理解为如花美眷。精心挑选，专情真爱。“曾经沧海难为水，除却巫山不是云。”这花还可理解为美好的事物，人生的取舍。“任他弱水三千，我只取一瓢饮。”蕴含道家“多则惑，少则得”的通达理趣。“心静才闻芝兰来”，含有心静自然凉、心远地自偏的情理。但这情理超越“凉”“偏”的悠然意境，更达芝兰芬芳怡人的美妙境界。而这种情境，不是无奈领受，或被动坐等，因而便有“何必坐等春风到”的积极思考。主动创造，妙境才来。这比前人多了一分乐观进取、无中生有、更臻妙境的韵味。

思 乡

云低浣花前，
风平庭后园。
谁知千里外，
寒月正孤悬。
此处即归处，
来处是乡关。
他乡人易赴，
故土人难还。
少年不乡思，
思乡不少年。
欲言乡音改，
欲见忘容颜。
但似浣花雨，
微我浣花园。
一滴一歌调，

一点一曲弦。

此时是几时，

浑然忘何年。

【赏析】思乡的人啊！思乡是永远无法抚平的伤痛，对于远离家乡的人，家乡的一切都是那么美好。家乡就是一朵永不凋谢的花，家乡是一幅永恒的画卷，家乡是一种浓浓的味道。

该诗前两句作者通过对于身处两地的景物描写，勾勒出一个身处异乡、孤独惆怅的背景；接下来的两句，作者写自己独处异乡，“他乡人易赴”，去往别的地方总是很容易就能到达，但是自己家乡却是很难再回去。按理来说，现在交通工具这么发达，即便再远的地方也应该可以很快到达，为什么作者会说“故土人难还”？

可能故乡已经随着时间的流逝慢慢地变化，但是作者心里的故乡却是一直没有改变，美好的事物也同样留在心里。试问普通的交通工具怎么能开往作者心中的家乡呢？让人不禁和作者一起感慨世事易变！“少年不思乡，思乡不少年”，写出古往今来不变的人生规律。人只有在年少的时候才会不怎么思念家乡，同样的，思念家乡的人也一定不再是曾经的那个意气风发的少年郎。

随着时间的流逝，家乡的风土人情都发生了很大的变化，尤其是在当今社会这样一个日新月异的环境中。所以，一个年轻的人也不会去观察家乡的变化，等到再回首时，记忆里的家乡都已经面目全非了！多年漂泊之后，作者想要说家乡话，却发现自己的乡音都已经改变了，想要见下自己记忆里的人，却发现都已经忘记他们曾经的容颜了，让人不胜唏嘘！诗句的最后写出了作者的茫然，美丽的家乡倾注了作者多少的思念。作者也不知道是哪一年哪一时哪一刻才能再回到家乡！

长相思·冬至

容颜易改，
心念难更，
寒月何事浸江中。
初时寻常色，
再看色已空，
一江流月，
两岸落木，
独自飘零独自红。
纵有写春意，
却是冬深画不成。
此刻来去，
无谓随风，
篱前数梅声。

【赏析】第一句词主要描写了曾经的容颜很容易就被时光改变，时间随着岁月的变迁也在慢慢地流逝，但是自己心里的某个角落却依然存留着之前难以忘怀的遗憾。

曾经所发生的一切都已成事实，这种无能为力的感觉流连在作者的心中难以忘怀。天上的寒月又是因为什么事情沉入这寒冷的江水中呢？“浸”这个字用得很好，配合“寒月”就很容易将读者带入到作者的视角，给人一种沉浸式的体验！接下来作者开始写自己看到的景色，刚开始看到的感觉都是寻常的景色，但是后面再想去看的时候景色已经不在了，只有这一条承托着明月的大江在那边静静地流淌。“流月”将月亮照在江水上的景象描写得活灵活现。众所周知，月亮是不会流动的，但是作者在这里用江水的流动来描写洒落在江水上的月亮的光辉，让人感觉这月亮好像也随着江水在流动。

江水也没有因为岁月的流逝改变自己的面貌！写完江水之后，作者又将目光放在江的两岸。两岸因为气候变化而变得凋零，即使是有想要描写春天的想法，但是却因为气候的变化而放弃了这个想法。“冬深”点出主题，说明已经是冬至了。冬至是四时八节之一，也被视为冬季的大节日。冬至开始有的地方就要数九了，以九天为一个“九”，八十一天后春天也就来临了！最后，作者把自己脑海里的想法都放置一边，安安静静地去篱笆边数一数梅树上到底开了几株梅花，然后再等春归。

冬

桂去秋香柳失容，

隔江看得叶初红。

本来一往青相似，

昨夜北风才不同。

【赏析】此诗虽是写冬，但又不是对冬季壮阔纯洁的赞美，作者抓住了冬季刚刚悄无声息来临的时候所感受到的入冬的气息。

诗的第一句恰到好处地把入冬时候的时节和特点一一做了诠释。桂花大家都知道，金九银十桂花开，正是在秋天到来之际桂花才散发出它独有的清香，而嫩绿的柳枝也会随着冬天的到来渐渐失去原有的活力。这也是作者直接点明创作时间的一句陈述。

接下来的第二句中“隔江”二字更是把这种入冬的情况清晰明了地展现出来。那么可能大家就有疑问了，为什么是初红？就像苹果红了才成熟，橘子黄了才甜，叶子也只有到了生命的最终时刻才显得那么的耀眼。隔着江却看到对岸的叶子已泛红，说明秋天已经到了尾声。

诗的第三句和第四句看似是对景色的描写，但其实是作者自身的感慨。可以看得出来第三句中的“本来”二字另有含义，单从表面上看就可以想得到的是对岸的树木本来都是生机勃勃、郁郁葱葱的，虽然不是一样的品种，但是都弥漫着青春的活力和朝气，接着第四句诗的“昨夜”说明肯定是发生了不一样的变化，果然不出所料，在这句诗的后半部分出现了“才”和“不同”，指出了季节的轮回变化导致了这一种现象的发生，从之前的生机盎然变成了现在的萧条凛冽。这里也是作者对于时间的变化的感叹，原本年轻力壮的自己现在跟随着时间的脚步也慢慢地添上了时间的沟壑。

二 月

梅落蓉城催春急，
东风不度西院篱。
可曾柳林挟暮雨，
江晨依稀听晓笛。
梦里怎知身何去，
水浅云深行者迷。
最怕无情当情聚，
醒来欢宴已散席。

【赏析】该诗开头直接点明时间，正是那花落春初的时候，梅花落下，整个城市好像都在焦急地等待春天的来临，“催”字形象地写出了众人翘首以盼的心情。但是看着西边院子里面的景象，感觉春天好像还离得很远。

也曾在柳林里面看过春风携带着细雨，在江边清晨听过远处有人在吹笛，“依稀”二字直接让人将听觉转化为视觉。梦里怎么知道该往何处走，在水浅云深的地方连行人都会迷路，更何况在梦里的我呢？

诗人最怕的不是不知道去哪里，而是在一场快乐的晚宴之后，醒来时冷冷清清的场面。之前是其乐融融欢聚一堂，但是酒醒之后，仿佛周围欢声笑语一下子就变得安安静静，环境带来的落差感也是极大！这样的感觉会让很多人都心生凄冷孤寂的感觉，而这也是作者最害怕遇到的场景。一场美好的酒宴结束之后还有下一场美好的酒宴，一次美好的开始从来不会有凄冷的结束。只要诗人一直保持一颗乐观向上、勇敢进取的心，我想诗人这辈子恐怕都见不到他所担心的场面。我相信，每一次分离都是为了下一次更好地相聚！

每个带有社会属性的人恐怕一生中都会碰到分别。从小到大，分别这个词语也一直都充斥在我们的生活中，不管是阶段性学习结束后的分开，还是共同奋斗过后总会因为各种原因而让我们不得不分开一段时间。但是我相信，心有挂念的人总会重逢，正所谓“念念不忘，必有回响”！

墨竹

翠竹生幽处，
挥墨斋舍青。
何以枝欲动，
疑有潜夜风。
江外霜草木，
画中无枯荣。
难道高节里，
自性本虚空。

【赏析】竹子，四君子之一，有着超凡不俗的品格，在“岁寒三友”里也是傲然其中。每当秋风拂去寒冬将至时，竹子依然青翠不欲滴。

这是一种朴素之美，而本诗中却是写墨竹。为什么会是墨竹呢？作者以诗作画，把画中的青竹细细地描绘出来。诗的第一句和第二句就对这个作画的情景做出了回应，第二句的“挥墨”这里非常的明显，竹子都是蓬勃长在幽静的山林间，而今夜却把翠竹种在了家中。

中间部分的描写可以说是非常的传神了，把画中的翠竹演绎得入木三分。首先第三句中“欲”字就可以把这幅画的手艺展现得淋漓尽致。我们可以想象得到，深夜的书房里有人正在作画，而画里的竹枝叶却在动。为什么会动？只有风吹的时候枝叶才会随风摆动，难道是有风吹的吗？当然不是，晚上作画当然不可能在室外，这里就把作画的技艺衬托得非常形象了。诗的第五句和第六句亦是对作画的技艺描写，“霜”字交代了现在的时节，已经是秋冬的季节，外界景色一片萧条，但是画中的翠竹却是婀娜多姿、青翠盎然。

可以看得出来这种画艺是有多高超了。最后的二句可以说是点睛之笔，怎么说呢？晚上作画没有参照物，但是画中的翠竹却是栩栩如生、亭亭玉立。这是怎么做到的呢？这就不得不说到一个故事叫“胸有成竹”，而作画之人亦是如此，早在起笔之时心内自有乾坤。而作者却能在画中感受到竹的韵味和品格，可谓是与作画之人惺惺相惜，这也体现出作者的谦谦君子之风。

长相思·浣花

朗月疏星，

记取春风，

少年初柳下，

半默半雨半别情。

旧时歌处，

凌冬曲轻，

白发不忍听，

念几家灯火，

一明一灭一平生。

芳华已褪尽，

而今谁在，

浣花长亭。

【赏析】本词前半句寥寥几字就直接在读者的脑海里面勾勒出一幅离别景象。月明星稀，还记得当年春风里，有一个少年曾经站在柳树下，沉默地看着濛濛细雨里的美好景象和欲语难言的离别之情。第一句就成功地将读者也带入这微微惆怅的情绪中去。

曾经唱歌的地方，今载冬天的时候再来听，好像连唱歌的声音都感觉变得轻了一点。后面“白发不忍听”让人不禁联想，到底是唱歌的人声音变轻了还是因为年纪大了耳朵有点听不清了？看着远处那几家灯火，不禁感慨自己的一生就仿佛那些灯，一开一关之中好像就过去了。“一明一灭一平生”写出了时间流逝的速度，给读者一种猝不及防的感觉！曾经那美好的事物都随着时间的流逝慢慢消失，现在又有谁在曾经的浣花长亭呢？最后二句颇有一种人面不知何处去，桃花依旧笑春风的感觉！或许是只有亲身经历的人才能写出这样的词吧！古往今来写时光飞逝的词很多，但是这首词不像别的词堆砌辞藻、矫揉造作，而是用最朴素的文字构成了最朴素的词句，再用这朴素的词句传达出作者最真实的情感。最后一句“而今谁在，浣花长亭”，当年和今日对比，相同的地方就是“浣花长亭”，不同的地方，当年可能是同好友一起交流攀谈的地方，现在只有作者孤零零的一个人！

就是这种此时彼时产生了愈见其同，愈感其异，愈觉其续，愈伤其断。正是这种相互交织、相互影响的心情，越发加剧了作者眼前的惆怅和寂寞，最后只留下美好的回忆在心里。

禅

禅（一）

心会最难说，

便把诗书合。

从来灵犀意，

纸上不可得。

【赏析】《禅》是一首探究禅悟修心的诗。全诗仅仅二十个字，用语简单，寓意深远。它紧扣“禅”这个主题，围绕坐禅修心，描绘出了修心中的一种体会。

全诗除言简意赅、通俗易懂之外，却是平淡中见奇。道理浅显之余，却引人深思。前二句点出了“心会”的难点所在，虽则有所领悟，却终究难以说出口。这个时候，将诗书放下，安静养心是最为明智的。

“心”字最难懂，一个“最”字，说出了修心的难处所在。一个“便”字，又透露出修禅的要点所在：不在书上，而在心里。佛家讲究顿悟，讲究反求诸己。所谓禅悟，更多的是澄心静虑，以本心来领悟万物的道理。后二句写诗人对于修心的观点：那些能够令人有所感悟和精进的心意，从来都是静心修出来的，而不是单纯读书所能学习到的。

从整体来看，这首诗简明流畅，颇有意境，将诗人对于禅意的领会，通过短短二十个字讲明白，读起来朗朗上口，引人深思。诗人追寻内心的安宁平静，于读书之余，正心明性、涤除杂念，正是禅意之所在。

禅（二）

有用须杯空，

器小水易盈。

虚怀遵此道，

事事皆洞明。

【赏析】这首小诗，用简单的现象来讲述道的真谛。作者用极其洗炼的文笔，讲述了空杯心态和心胸开阔对于为人处世的意义，表现了作者对于虚怀若谷的尊崇和器量狭小的不赞同。

诗中用词简单，蕴含的道理却深刻。本诗以盛水的杯子作比，说明了想要有用，就要空杯，而过于小的器具，水容易漫出来。器具如此，人心亦然。空杯心态，更容易接受新事物，更容易学习新的事物，而器量过于狭小，就容易自满、容易妄自尊大。若能虚怀若谷、保持空杯心态，当可对万事万物透彻明白。

看似简单，人人明白的道理，却需要时时遵守。事实上，想要在修心上有所进益，谦虚是必备的基本素质。宽广的心胸，需要经过历练，更容易有一颗谦虚好学的心，用睿智的眼光来看问题。作为在修禅的过程中心态的重要性。

禅（三）

为何秋日思春朝，

只因香消恨不消。

雨后彩虹雨后散，

好物从来不坚牢。

【赏析】这首诗前二句选用秋和春两个季节做对比，为何秋天会回想到春天呢？只因为春天已逝，却仍旧留恋春天的那些美好香气。后二句，诗人通过雨后彩虹的稍纵即逝，联想到人生中美好事物总是容易消散，难掩内心的失落之感。

诗以为何着笔，让人不觉思考，想要继续看下去。及至彩虹对比好物，感慨世上美好的东西总是容易消逝，难以持久，表现了诗人对美好事物的追念惋惜之情。正是“世间好物不坚牢，彩云易散琉璃脆”。

两个“雨后”，两个“不”，形成一种巨大的反差，一个“从来”，突出内心的惆怅之情。人生苦短，世事无常，想要留住的、美好的事物，总是容易溜走。“不坚牢”三个字，道出了诗人心中的寂寥哀伤之情。结尾戛然而止，却蕴含着深深的感伤，令人回味无穷。

禅（四）

人多易散场，

话短余味长。

茶尽自来去，

何必费思量。

君看院中梅，

开花就含霜。

直到三月半，

春风度篱墙。

【赏析】作者以常见之物，来谈论禅意。全诗虽未着一禅字，却蕴含浓浓的禅意。

诗的第一句说，人多了反而更容易散场，言语不需要过多，却余味悠长；诗的第二句，喝茶谈论结束了来去自如，不必过多在意细节，不拘小节方为自在；诗的第三句，院子里的梅花，刚刚开花，就是霜降了，它却依然凌寒独自开，别有风味；第四句，

春风度过篱笆，已经是三月中旬的事情了，这个期间，梅花会一直开放。

全诗情景交融，偏重议论，故意味深长，言外意浓，蕴含着禅宗超然物外的孤寒高洁境界，和宁静淡泊、清幽淡雅的禅味。

禅（五）

一夜红消一树花，

一寸流光一浮华。

一江碧水一春月，

一人月下一禅茶。

【赏析】一个夜晚过去，一树花落，红颜尽散。一江碧水伴着一轮春月，一个人在月下独自饮着禅茶。这首诗，描写春江边，诗人独饮的逍遥自在。一个人、一盏茶、一轮月、一树花，诗人一边饮茶，一边赏月，在这无边的静谧中，体悟禅悦。

在佛看来，一花一世界，一草一天堂。这个世界，真正的禅各有体味，不尽相同。真正的禅理，似青天之云，若瓶中之水，在一切自然之中。大自然一切都有它的安排，水流花开，风清月朗，得大自在。

本诗分明是超然物外之作，表现不同凡俗的禅趣。全诗语言平实，自然自在。整个世界都安静了，只有月下一人饮茶，这是一种何等美妙的禅悦境界呢。

禅（六）

动心易动分别心，
只因识心各有因。
年年君看江中月，
今非昨来昨亦今。

【赏析】这是一首禅诗，前二句写人总是容易有分别心，这都是因为各自的思考方向不同，缘由也不尽相同；后二句，写江月每年都有，每年都看，今天已经不是昨天，而昨天其实也是今天。

诗中禅味浓厚，略带伤感。江月年年有，今天似昨天，然而光阴易逝，岁月催人老，每年看江月的人不尽相同，人也在一年年地变老中。虽则万物未变，然而人心易变。所处的位置不同，认知不同，观察世上事物和认识问题也不尽相同。要想认识深刻，唯有深思修禅。

制怒

发怒由本性，
息怒修性行。
水静映山影，
心平生慧明。

【赏析】这是一首劝人莫要发怒、专心修行的禅诗。

诗的前二句，直言发怒乃是由于本性而来，想要修行，首先要平息怒气，修行性格。

诗的后二句，意境悠远，以水喻人，唯有静水方能流深，方能映衬出山的影子。同样的，唯有心气平和，方能生出聪明和明智。

此情此景，有一种禅意。诗人从中领悟到：心乃修行之根本。全诗对宁静空明的心境，颇为推崇。正所谓“道心淡泊随流水，生事萧疏空掩门”。禅的世界，是心的世界，意适性澹，平常心是道。

行到水穷处，坐看云起时。佛说诸心非心，是名为心。故，过去之心不可得，未来之心不可得，现在之心最不可得。

秋 悟

无处才有无穷处，
有形终被有形缚。
贪嗔痴慢本源心，
万法唯心人自渡。

【赏析】序言讲佛法，以我们的真心本性本来不动，不动则不会动心起念，一切皆是心的幻像，因而心不可得，不可多想。

诗的前二句，有无相生，想要无穷，总要无所妄求，有形的思想终究容易作茧自缚。

诗的后二句，贪嗔痴这些杂念，本是源自内心的妄念。所谓八万四千问，所有的佛法，唯有靠自己的心来成就。

本诗清韵悠然，自然流利，禅味浓厚。行到水穷处，坐看云起时。佛法唯心，佛家认为所有的表象都是“空”，五蕴皆空，六尘非有。摒除杂念，见悟自性，是静的关键。

听禅

禅歌但轻唱，
袅袅落梵音。
举头功名路，
回首本来心。
少年纵歌酒，
白首负光阴。
涛涛江中水，
悠悠指间琴。
弦起芳菲尽，
弦落空自吟。
白云知何处，
秋风不可寻。

【赏析】这首禅诗是讲述听禅歌的一种感悟，非常之形象。

诗的第一句，轻轻吟唱禅歌，感悟禅悦，像是袅袅升起的青烟一般，梵音静谧。

诗的第二句，抬头前行，是为了功名而努力地前行，回顾以往，是本来的一种禅心。

诗的第三句，少年爱唱歌爱喝酒，纵情欢乐，豪迈万丈，不觉间头发白了，才惊觉光阴易逝，辜负了青春。

诗的第四句，江水涛涛流逝，如时光一般一去不复回，琴声悠然，在指尖跳跃，和着江水。

诗的第五句，弹琴间花落纷然，唯独余下自己一人和着琴声吟唱。

诗的第六句，知晓了白云去向，却已见不到秋风。

全诗用词得当，给人一种空旷渺远之感。形象感极强，彷佛面前就是作者在江边弹琴的画面，一生的光阴，似乎都在指尖音律中过去了。作者以景喻情，以超然之心体味佛家无穷之况味。

张爱玲：各人住在各人的衣服里。

禅（七）

各花入各眼，

各物各春秋。

本来皆足具，

自性不外求。

【赏析】诗以张爱玲的句子，来讲述作者的观点，每种物品都有它的独特性所在。前二句，每个人喜欢的花儿不同，每样事物自有本身的独特之处；后二句，事物的本来自然无比，不需要去外界求取什么。

随遇而安、随缘而行，正是修行的要点。诗人用简单的语言，工整的对仗，告诫世人：只有安然修禅，保持本心，方能制伏各类杂念，成就正道。作者就花和物，来对应人的不同，本性的可贵。

人生终是场欲望的游戏。控制了欲望，也许就掌握了游戏。

禅（八）

少壮贪乘加，

中岁算减除。

应有虽尽有，

应无须尽无。

【赏析】人类是充满欲望，并受欲望驱使的动物。序言揭示了禅修的一个要点：控制欲望，是修行的一个关键。

开头二句，提及人年少的时候，总是贪图，想要很多。及至到了中年，就开始了减少欲望，逐渐修心。后二句，虽说万事努力应有的也该有，然而该减除的欲望也是需要减除的。

欲望是生物的一种本性，是人类想要达到某种目的的一个要求。欲望本身无好坏，重在如何控制。该诗抒发的是作者对少私寡欲的推崇，还有修禅的心得。在禅者眼中，减少欲望，摆脱痴迷妄心，正是修行之正道。

三千年读史，不外功名利禄。九万里悟道，终归诗酒田园。

禅（九）

究竟万物性本空，
堪笑我执不从容。
终随泥尘并风去，
岂分万绿一点红。

【赏析】读史使人明智，作者以对仗工整的对联作序，表达了悟道真谛。读史，讲的多为功名利禄，而悟道，终归是要静下心来的。

诗的开头，一言点题，写万物本为一场空，所谓的执念会令人焦虑执着而不能从容以对。后二句，写所谓的功名利禄，终究都会随着泥土被风吹走，消散于无形。这个时候，哪里还分得出来，谁红谁绿呢？谁更成功，谁更失败？毕竟一切都依然成空。

《唯识述记一本》曰：“烦恼障品类众多，我执为根，生诸烦恼，若不执我无烦恼。”小乘佛法认为我执是痛苦的根源，是轮回的原因。一切烦恼源于我执，想要悟道，重在静心，归隐更能得到。只有修行悟道，看破红尘的人，才能从容。

禅（十）

空诸所有去贪嗔，
实诸所无莫妄寻。
不执几分如意事，
半随浮云半随心。

【赏析】该诗为读庞蕴禅宗偈语有感而发，道出诗人对于修行的感悟。

诗的前二句，写去除贪嗔，重在空诸所有，不为外物所乱。对于没有拥有的，不必妄然寻找。诗的后二句，写不要执着于开心的事情，要随性，就像是浮云来去一般，随性就好。

古人云：“凡夫成佛真个易，去除妄想实为难。”世间名利富贵，本是虚幻、短暂、无意义的，陷身于人事纷扰中，带来的是无尽的烦恼和痛苦。要想解脱，便要清闲自在，与世无争。这首诗以禅语，来表现意味深长的禅趣，在感性之外，又格外空灵蕴藉，令人涵涌不尽。

每个人都能看到千里之外，却看不到自己的睫毛。

禅（十一）

妄心为形役，
缘因算机关。
大巧无巧术，
在山不见山。
千般皆放下，
如春涉青川。
物外何足计，
一释两相宽。

【赏析】这是一首寓意着禅理禅机的诗，以“凡目能见千里，而不能自见其睫”点题，点出人的一个弊病：总是关注未来，而忘却了当下。

诗的第一句，所谓的妄心，大抵是因为机关算尽，被外界所役使，不能掌控自己的心；诗的第二句，说的是真正聪明的人不会炫耀自己的才华，身在其中的时候却容易被忽略。大智若愚，大巧若拙。诗的第三句，说的是当放下千般妄心万般繁琐，就好像春天走过青山大川一般轻松自在。诗的第四句，说的是外界之物并不值得计较，懂得放下，才更能宽心。

该诗从景和物，来阐述参禅悟道之要点，生动地表现出了诗人读经养性、追求明理，而又超凡脱俗、怡然自适的心境，营造出一种幽深寂静的艺术境界。诗中有禅味，有托情于景之中，为此禅意浓厚。

禅（十二）

浣花秋来草木深，

草木浅在去年春。

深浅自得勿相问，

同行易成陌路人。

【赏析】该诗看似通俗易懂，实则哲理深厚、意境高远。前二句写秋日浣花溪畔草木繁盛，春天的草木浅浅已然是去年了，感慨时间过得飞快。后二句写草木的深浅，自有它的轮回道理所在，非人力所能解决和干预，即便是同行的人，也很容易成为陌路人，毕竟每个人的心性大有不同。

作者把悟道的深浅，与草木的深浅做对比，从眼睛能看到的草木之深浅，来反衬出内心之迥异。草木之深浅，就是人心之深浅，也是修道之深浅，是诗人的禅意在大自然中的一种观照。同时还暗喻着修禅之路，非时时刻刻有人同行。更多时候修行是处处可悟的，是需要自己静心去思考的。

禅（十三）

行至雅处循幽径，

内观我执迷自性。

园外世声勿两听，

听心方得一究竟。

【赏析】道为本心，圣人求心不求佛，愚人求佛不求心。心外无佛，自己纯真的本性就是佛。

该诗以寥寥数语，讲述了修禅的要点：听取本心，回归本性。正如王维所说："晚年惟好静，万事不关心。"修禅重在治心，静听己心，不为外物所乱。

前二句暗含了一句古诗："曲径通幽处，禅房花木深。"在幽静的环境中，去修行，去发现自身的执念和本性。后二句讲的是世事纷扰，不要太过理会，只有听取内心的想法，方能一探究竟。

最后的跋，更是点明主题，要参禅悟道，总要反求诸己，要求心。作者将外界景物与禅理结合在一起，营造出了一种空灵冲淡的优美意境。

禅（十四）

漫卷东西无定间，

淡意春秋也应怜。

眼前转瞬身后看，

浮云流水两不嫌。

【赏析】诗的前二句讲世事多变，万物不定，即便时间飞逝，春秋平淡，也当珍惜光阴。正是“有花堪折直须折，莫待无花空折枝”，光阴似水，人生短暂，人生应当有所为。

在这首小诗中，诗人呈现了一种清新脱俗的境界。前二句以工整的对仗，勾画出一种淡然静谧的境界，清明空澄，无忧无扰。后二句以“浮云流水”之景，衬托内心的洒脱不羁，没什么能令人挂心的，一切都是最好的样子。

全诗自在不羁，着笔不凡，给人一种很清幽渺远的禅悦。这首诗坦白真率、语言平实，给人一种美妙的感觉。

有道是任何一块木头都可以成佛，只要去除多余的部分。

禅（十五）

大道必至简，
求道需去繁。
真味淡无味，
最味是清欢。

【赏析】大道至简，是老子的至理名言。人生当谦虚、当谨慎、当简单，方能致远。本诗题讲到，想要成佛，在于修掉多余部分，在于去繁就简。欲要成佛，先修己身。

这首诗整体来说，讲述了修禅的关键：需净化尘心，解脱烦恼。作者体悟到，惟有清心寡欲、诚心修禅，使心灵归于简单，淡然处事，思量禅道的精神与广大，并享受着参禅悟道带来的心灵宁静以及超凡脱俗的愉悦，方能窥见一点修禅真谛。在参禅过程中，一切尘世间的烦恼和忧伤，繁杂和熙攘，都消失殆尽了。

八万四千繁芜，只要简化，悟得摆脱烦恼的境界，即可获得心灵的升华与解脱。

禅（十六）

无容不成器，

月朗星则稀。

浴火得清凉，

去傲常作揖。

【赏析】学佛就是在学做人而已。该诗以物做比，劝人谦虚谨慎。

诗的前二句，是写人没有包容之心，就很难成事儿。每当月亮高悬照亮万物，星星就变得非常的稀疏，大约是为了衬托月亮的形象。这是一种甘为绿叶、退步自谦的行为。一个“则”字，生动地表现出了月明星稀的情景，用得很妙。这个时候，星月似乎都像人一般，互相谦让，甚为大度。这里既形容了月光的皎洁，又表达了星星的谦让，还呈现了一种特别广阔的意境。诗的后二句，劝人谦虚，不要太过傲气，想要谦让对方，常常要待人以礼，无疑是正确的选择。一个“常”字，所包涵的内容不可谓不丰富了。

这首小诗，既没有奇诡的想象，更没有华丽的辞藻。它只用那种叙述的、平淡的语气，写出了为人处世之道，然而它的意味是丰富的，又是令人深思的。

禅（十七）

善终源慎始，

江心回帆迟。

迷初需高瞩，

见于未萌时。

【赏析】该诗浅显易懂，以朗朗上口的文字，讲述了“临崖立马收缰晚，船到江心补漏迟”的道理，给人们一个良好的建议：万事皆有初，欲善终，当慎始。

前二句，讲到一个人做事想要有好的结尾，开始的时候一定要慎重，所谓良好的开始是成功的一半。若船到江心，则回头已晚。诗的后二句，说的是所有的问题，在萌芽阶段，就应当注意到，开始的时刻高瞻远瞩，才能防止大错的铸成。

古人云：“则思慎始而敬终。”若能开始就充满信心，有一颗敬畏之心，那么，结尾大概率就是不错的。不过这个前提，是开始来，也要好好地完成。“君子遵道而行，半途而废，吾弗难已矣。”

谨慎地开始，妥善地结束。不惟做事，修禅也是一样的。

禅（十八）

欢至极处悲患多，

无盛无衰无偏颇。

庭前何故冬梅落，

缘自早春夜渡河。

【赏析】诗的前二句是说，人生悲欢难料，乐极生悲本是常事。众生平等，大自然对待众生，从不看贫富好坏，无论盛衰，不曾偏颇。诗的后二句，讲的是感叹时间流逝，看到了院子里的冬梅飘落，才惊觉春天的脚步已是临近了。

本诗以悲欢之转换着手，讲修禅最关键的在于修心。后二句从景物下笔，提醒人们关注万千世界中的美好。正如有句禅语所说："青青翠竹，尽是法身；郁郁黄花，无非般若。"世间美好环环相扣，关键在于是否有一颗发现美好的心。

熙熙攘攘、纷纷扰扰，人们总是习惯于匆匆赶路，而忽略了路边的风景。不为外物所扰，方能察觉到、感受到人生的幸福，从而去从容面对人生的种种困境。

禅（十九）

一切浮生相，
质在其本真。
小成纵忘命，
大道却惜身。
另眼是非外，
一果归一因。
所以谈笑去，
浮相不经心。

【赏析】该诗从浮相着笔，将修道的真谛娓娓道来。诗的第一句，人生在世，就像是浮云流水一般，保持最初的自我才是最重要的；诗的第二句，想要有所小成人人拼命努力，而为了大道所归，却还是要惜取自身的；诗的第三句，世事纷扰，难以一言以蔽之，因果循环，皆有定理，不应太过在意；第四句，想要修道有所成就，远离浮相是必须的。

何谓浮相？它是指修持入定时心神躁动，散乱外驰，坐卧不安。《童蒙止观》云："何等为浮相?若坐时心好飘动，身亦不安，念外异缘,此是浮相。”人间所有的得失，所谓的聚散，很多时候是一场梦，是浮相，是会影响到修道的静心的。做人的无奈，就是明知人生若梦，却还不愿醒转。

然而，唯有抱持一颗清净心，静坐冥想参禅，方能暂时忘却纷扰而深邃的世界。

一智者说，我们所处的世界究竟如何，取决于我们如何看待。无不如此，喜时万物皆春，忧时万物愁惨。而佛只讲四字：即心即佛。

禅（二十）

心慕白云间，

身倦其道难。

万色不执有，

无心便释然。

【赏析】这是一首禅诗，立意高远。本诗题跋讲出了诗歌立意，正是所见即所得，世界如何，取决于你的看法。所谓喜悲，皆是内心之观照。即心即佛，可谓点题。

诗的前二句，从心气过高，容易造成身心俱疲、修道难为入手，讲述作者对于平心静气的推崇和对心浮气躁的不赞同。

诗的后二句，从不追求过多入手，到心中没有执念更轻松，更容易释然，再次强调了作者对修禅的看法：唯有万事放宽心，讲究个顺其自然，随遇而安，方能减少烦恼，方能得到自在。

佛教讲究个“心”字，心性如一、佛性平等、自信自立，这是修行者的思想基础。无须向面外求佛，你的自心即是佛。

看淡得失，不妄求，将多余的念头从内心驱散，才能发现生活的美好。坦然面对生活成败，如果有一颗平常心，心境自然开阔不少。

禅（二十一）

浣花溪畔论喜悲，
秋帆去远春燕归。
数树江花有开落，
一壶清茶无是非。

【赏析】这首诗以眼前看到的实际景物入手，用艺术的手法，来诠释心中的感慨，读起来真挚洒脱。该诗前三句，选用溪水、秋帆、春燕、江花等景物，描绘出一幅富有特色的秋景图。最后一句，用清茶来描述自己闲适的心境，自在不已。

该诗以秋去春来落觉，感慨时间易逝、人生苦短，生命的短促更显得时间的珍贵，喜悲似乎与身边景物有些关联。秋天已去了，春天还会远吗？帆船远去，春燕归来，突出一种寥落之感。

后二句“有”“无”对仗工整，形成一种笑看花落、自在人生的大境界。结尾一句“无是非”，道出人生“平凡心是道”之真谛，令人回味无穷。

全诗依稀展开了一幅秋帆远行、江花飘落的画面，作者用生动的笔墨，不仅写出了秋天江边的真实风景，也尽情展示了内心的轻松和豁达。

禅（二十二）

有识被识限，

无象万象容。

应物物不物，

物物悟自空。

【赏析】知识渊博、有学识的人反而被自己的认知所局限，世间所有没有形象的东西反而被宇宙万物所包容。我们应该利用世间万物，而不是被万物所拖累。只有做到了这一点，我们才能悟到许许多多的真理。

诗中第一句表达了作者对多数人困于巢栾的悲哀，只知道在自己有限的认知中徘徊，却不知道这世间大多数无形的东西，都在宇宙之中，有识与无象相对应。人们被自己的认知所局限，宇宙则宽容地包揽世间万物。 诗的上半段表达了诗人对世人皆醉我独醒的深刻认知，也指明了我们跟宇宙比起来的渺小。

诗的下半段中，诗人指出了我们应该如何做，才能找到被自己认知所局限的办法，就是利用自己的认知而不是把自己的认知当作全部，要学会利用我们自己的知识，而不是被知识所拖累困于巢穴当中。只有充分地明白了这个道理，才会让自身所有的一切猛然间豁然开朗，把所有有形的东西转化成无形的认知。只有这样，才能不被自身的认知所局限，也能如同宇宙“万象”一样包揽世间万物，容纳百川“无象”。

我想作者也是不忍心看到世间大多数人在困境中苦苦追寻却找不到出路，参悟禅机之后得到了这四句诗，诗虽然短但发人深省。诗人想要告诉我们不要再被自己的认知所拖累了，你看到的在这宇宙当中不过是很渺小的一部分，去理解它利用它吧，你就会得到你所有想要得到的东西。

禅（二十三）

一静即深山，

心浮尘埃起。

再定而慧生，

万境皆由己。

【赏析】禅诗是宣扬佛理、禅机或具有禅意禅趣的诗，具有空澄静寂圣洁的禅境和心境是禅意诗的主要特色，富有情趣，表现的是空寂、淡泊、出世的情怀。

相传南北朝时佛教禅宗的弘忍大师要在弟子中寻找一位继承人，就让徒弟们都作一首禅诗，谁作得好就传衣钵给谁。大师最得意的弟子神秀很想继承衣钵，就在半夜起来，在院墙上写了一首禅诗：“身是菩提树，心为明镜台。时时勤拂拭，勿使惹尘埃。”意为要时时刻刻去关顾自己的心灵和心境，通过不断的修行来抗拒外面的诱惑和种种邪魔。这是一种入世的心态，强调修行的作用。

这里的《禅》诗，便含有故事表现的意境，但又不是机械地照搬，而是有所拓展与延伸。诗的首联言心静就如身处深山，心灵静净，百愁不生；若心不静就会沾惹尘埃，产生许多烦恼忧愁。因此必须修心。而怎么看待环境的好坏，能否乐观处世，这完全取决于你的心态，所以“万境皆由己”。这便是对佛家“境由心生”的阐释。

处世有赖心态，心态决于修行。抛却外界的诱惑，消除尘世的烦恼，再定静心，便会生出智慧，这样就可以从容地应对世间万象的无常变化，始终保持乐观旷达的情怀。世道多险阻，途中有荆棘，愿持避尘为君扫，尽可款款步。这就不纯粹是故事所表现的境界，而是显示了如何修心的过程与方法，以及修心的巨大价值，揭示了修心致静对于追求美好人生的重要意义。

禅（二十四）

但修心智去心机，

守拙守正勿出奇。

澄明通透天之道，

无形无束也无拘。

【赏析】禅理的最高境界是悟空。

《西游记》中孙大圣拜师求道，他的师父为他取名悟空，可谓意味深长。

南北朝时佛教禅宗的弘忍大师要在弟子中寻找继承人，就让徒弟们都作一首禅诗。大师最得意的弟子神秀很想继承衣钵，就在院墙上写了一首禅诗。大师看到之后没做任何评价。厨房里的一个火头僧慧能听说了这事，就说这个人还没有领悟到真谛啊。于是他也作了一首禅诗:“菩提本无树，明镜亦非台。本来无一物，何处惹尘埃。”这很契合禅宗顿悟的理念，体现了一种出世的态度。主要意思是，世上本来就是空的，看世间万物无不是一个空字，心本来就是空的，就无所谓抗拒外面的诱惑，任何事物从心而过，不留痕迹。

这是禅宗的一种很高的境界，领略到这层境界的人，就是所谓的开悟，也即悟空。

大师看到这首禅诗后，就将衣钵传了给慧能。这首《禅》诗所言的，“澄明通透天之道，无形无束也无拘”，就是一种禅宗开悟的境界。“澄明通透”，空无一物，“无形无束也无拘”，没有任何形拘。

这便是所谓的悟空，也是道家所说的逍遥境界。达到这境界的前提是“但修心智去心机”，这里的心机，就是争权夺利，争名抢誉，暗使手段，费尽心机。如果一味这样追求，心灵就永远无法宁静，更不可能达到开悟的境界。所以要“去心机”，努力做到“守拙守正勿出奇”。所谓的“勿出奇”就是要坚守正道，不要走旁门左道。守拙是大智，守正是大德。大智大德之人懂得天道，可以修成正果。这正果就是看世界澄明通透，行动起来没有形拘，可以享有心灵自由的逍遥与快乐。《禅》诗的核心，不在于入世出世，而在于修心养性，保持心灵的宁静，抛却尘世的杂念与烦恼，不为外物所利诱，享受到心灵与自由的逍遥快乐与超然物外的澄明通透，从而书写胸怀高远幸福美好的人生。

禅（二十五）

道宽只需一侧身，

让它不失尺半分。

路径窄处从容去，

何妨山间看月人。

【赏析】道路不宽只需要略微侧一下身，从道路当中通过也不会让它失去半分，即使现在的道路很窄，但是我依旧可以从容离去，虽然我处于窄路当中，但是这对山间赏月的我又有什么妨碍呢？

诗的第一句表达了自己对于现在所处的困境的认知，觉得自己处于囿中，但是又有一丝的豁达，觉得只要略微一侧身便可通过，走出困境。

诗的第二句则笔锋一转，从处于困境当中的惆怅转化为了对于自身实力的相信，即使道路狭窄，前方坎坷，我依旧可以从容而去，现在的困难对于以后在山间赏月的我没有任何妨碍。

路径虽窄，对于诗人来说现在或许可以带来暂时的愁苦，但是对于以后的自己来说没有任何的阻挡，反而会化阻力与动力，这路径的窄、路上的难，到最后都是自己赏月时的谈资。打不倒我们的最终都会让我们更加强大。在这一路的艰难困苦、风风雨雨都通过之后。未来的世界会更加的明亮，前途更加光明。同时，作者也不仅仅是对于自身的勉励还是对于更加广大的处于奋斗中的年轻人一种鼓励，不要计较眼前的得失，也不要害怕“路径窄”的困难，要迎难之上，去努力克服这一路上的艰难险阻。

到最后你会发现，困难不过是拦路虎，路窄也只是障眼法，只要我们走出眼前的困境，未来我们就可以在广阔的天地去赏月，去享受我们的人生。